U0894503

国史知识200问

GUOSHI ZHISHI 200 WEN

本书编写组◎编

中共中央党校出版社

图书在版编目（CIP）数据

国史知识200问/《国史知识200问》编写组编. --北京：中共中央党校出版社，2019.9
ISBN 978-7-5035-6630-1

Ⅰ.①国…　Ⅱ.①国…　Ⅲ.①中国历史-现代史-问题解答　Ⅳ.①K27-44

中国版本图书馆CIP数据核字（2019）第200081号

国史知识200问

策划统筹　李　云
责任编辑　王玉兰
版式设计　苏彩红
责任印制　陈梦楠
责任校对　魏学静
出版发行　中共中央党校出版社
地　　址　北京市海淀区长春桥路6号
电　　话　（010）68929580（办公室）　（010）68929899（发行部）
　　　　　（010）68922815（总编室）　（010）68929342（网络销售）
传　　真　（010）68922814
经　　销　全国新华书店
印　　刷　三河市金轩印务有限公司
开　　本　700毫米×1000毫米　1/16
字　　数　210千字
印　　张　14
版　　次　2019年9月第1版　2019年9月第1次印刷
定　　价　39.00元

网　　址：www.dxcbs.net　**邮　　箱**：zydxcbs2018@163.com
微 信 ID：中共中央党校出版社　**新浪微博**：@党校出版社

Contents目录

第一部分

第二部分

第一部分

新中国成立的重大意义是什么?

1949 年 10 月 1 日，在北京天安门广场举行开国大典。毛泽东在天安门城楼上庄严宣告中华人民共和国中央人民政府成立，中华人民共和国正式成立。

中国人民经过 100 多年的英勇斗争，终于推翻了帝国主义、封建主义和官僚资本主义的统治，取得新民主主义革命的胜利，中国人民从此站起来了，成了国家的主人。中国的历史进入一个新纪元。新中国的成立:

(1) 它结束了近百年来帝国主义侵略中国的历史，使中国成为一个真正独立自主的国家，走上了民族复兴之路。

(2) 它结束了几千年来少数剥削者统治广大劳动人民的历史，人民大众成为国家的主人，中国进入了人民民主的新时代。

(3) 它表明中国新民主主义革命已经取得了基本胜利，半殖民地半封建社会已经结束，中国已进入新民主主义社会，进入了从新民主主义向社会主义过渡的新时期。

(4) 它是继俄国十月革命和第二次世界大战胜利后世界历史中的最重大事件。它把帝国主义的东方战线打开了一个缺口，极大地改变了世界政治力量的对比，占世界人口近 1/4 的大国，冲破了帝国主义的东方战线，壮大了世界和平、民主和社会主义的力量，鼓舞了世界被压迫民族和被压迫人民争取解放的斗争。

(5) 新中国的诞生是马克思列宁主义在中国的胜利，是马列主义的普遍原理同中国革命的具体实践相结合的思想即毛泽东思想的胜利。以毛泽东为代表的中国共产党人创造性地制定了适合中国国情的新民主主义理论，引导中国人民沿着有中国特点的革命道路取得中国革命的胜利，这是对马列主义的丰富和发展，是对国际共产主义运动做出的重大贡献。

新中国的成立标志着中国从此走上了独立、民主、统一的道路，开始了向社会主义过渡的新时期。

“中华人民共和国”国名是怎么确定的?

从字面上看，“中华”，即中国、华夏的意思。“人民”则是一个政治概念，相对于敌人而言，在当代中国，凡是拥护社会主义和祖国统一的阶级、阶层和社会集团，都是人民的范围。人民是“共和”一词的英语 republic，来自拉丁语 respublica（意为人民的公共事务），共和一般都包含共同享有权力、共同治理的意思，只是在不同的国家、不同的历史时期，共和的权力主体包含的范围不同。

新中国究竟起什么样的国名，早在 1940 年，毛泽东在《新民主主义论》中曾提出过“中华民主共和国”。1948 年 1 月 18 日毛泽东在为中共中央起草的对党内指示《关于目前党的政策中的几个重要问题》中，关于政权问题专门列为一个重要问题，不仅明确阐述了我党即将领导建立的全国政权的性质，而且明确提出和确定了新国家的名称：“新民主主义的政权是工人阶级领导的人民大众的反帝反封建的政权。”“中华人民共和国的权力机关是各级人民代表大会及其选出的各级政府。”1948 年 8 月 1 日，毛泽东给响应中共“五一节口号”的各民主党派复电中，曾使用过“中华人民民主共和国”。后来就一直沿用这个名称。1949 年 6 月，毛泽东在新政协筹备会第一次全体会议的致辞中连呼的三个口号，其中就有“中华人民民主共和国万岁”。

1949 年 6 月 16 日，新政协筹备会第一次全体会议通过的《新政治协商会议筹备会组织条例》第三条第五款为“提出建立中华人民民主共和国政府之方案”。

1949 年 7 月，政协第四小组的某些代表却提出了不同意见，认为这个名称太长了，用起来不便。因此就有了另外两种不同的方案，一是将“中华人民民主共和国”改为“中华人民民主国”，将来进入社会主义时再改称“中华社会主义民主国”；二是清华大学教授张奚若提出国名太长，建议去掉“民主”两字，称“中华人民共和国”。对此，经过讨论，认为“民主”“共和”的英语单词的字面含义并没有什么区别，只不过在中国译成了两个不同的词组，因此在国名中既有“民主”又有“共和”就显得重复了，最后，决定采纳张奚若的意见，去掉“民主”，使用“中华人民共和国”。1949 年 8 月 17 日，政协第四小组第三次全体会议修正通过《政府组织法草案》，其使用的国名为“中华人民共和国”。周恩来于 1949 年 9 月 7 日向政协代表作了《关于人民政协的几个问题》的报告，其中就国名问题解释说："……我们认为中华人民共和国这个国名是很恰当的。" 1949 年 9 月 17 日，新政协筹备会第二次全体会议正式将新中国国名定为"中华人民共和国"。

新中国国旗是如何确定的？其图案象征着什么？

设计和确定新中国国旗是新政协筹备会的任务之一。新政协筹备会在 1949 年 7 月发出了征集国旗图案的启事，确定应征图案要具备中国特征、包含中国地理、历史文化、民族等要素，以及要有政权特征，体现中国共产党领导下的统一战线。在中国人民政治协商会议第一届全体会议期间，初选委员从应征的 2992 幅（一说为 3012 幅）国旗图案中选出 38 幅，印发全体代表讨论。经过反复讨论，选定了上海国际经济通讯社职员曾联松设计的"复字三十二号"图案，并作了适当修改。

国旗图案的具体含义，红色象征革命，五颗五角星及其相互关系象征中国共产党领导下的革命人民大团结，五角星用黄色表示中华民族为黄色人种，五颗五角星互相连缀、疏密相间，而四颗小五角星各有一个尖角正对大星中心点，表示围绕着一个中心而团结。

1949 年 10 月 1 日的开国大典，随着《义勇军进行曲》国歌的响起，第一面五星红旗在天安门广场冉冉升起。1954 年通过的《中华人民共和国宪法》第 104 条规定："中华人民共和国国旗是五星红旗。"

新中国国歌是如何诞生的？

起来！
不愿做奴隶的人们！
把我们的血肉，筑成我们新的长城！
中华民族到了最危险的时候，
每个人被迫着发出最后的吼声。
起来！起来！起来！
我们万众一心，
冒着敌人的炮火前进！

前进！前进！进！

这是中华人民共和国国歌《义勇军进行曲》的歌词。那么，新中国是如何把这样一首曲子作为国歌的呢？

1949年7月上旬，新政协筹备会发出有关国歌的征稿。选什么样的国歌，当时有一个基本原则，就是要选一首“人人会唱、人人爱唱”，能够体现爱国主义精神的歌曲，而且要有艺术感染力，具有通俗性和群众性。当时收到了来自全国各地和海外华侨应征的国歌歌词、歌谱694首，其中包括新政协筹备会成员郭沫若、马叙伦、欧阳予倩、冯至、柯仲平等知名人士的作品。当时，关于国歌的选用，意见是有分歧的，以徐悲鸿、梁思成、张奚若等人为代表，建议用《义勇军进行曲》，认为国歌是一个国家的歌，它的产生应该有历史背景，像法国的马赛曲，还有国际歌。这些歌曲在法国大革命、苏联十月革命中唤起了广大人民起来跟反动派作斗争。《义勇军进行曲》产生于抗战时期，唤起民众为保卫祖国而神圣战斗。而且这首歌雄壮而豪迈，很有革命气概，节奏鲜明，适合于演奏，也适合于大家演唱。部分委员认为《义勇军进行曲》里有“中华民族到了最危险的时候”一词与当前的情况不符合，应该谱写一首反映和鼓舞人民进行社会主义革命和建设的新国歌。1949年9月25日，毛泽东、周恩来也参加了讨论，经过一番热烈讨论，参加座谈会的人基本上赞成用《义勇军进行曲》作国歌。当日，政协第一届全体会议一致通过决议：在中华人民共和国的国歌未正式制定以前，以田汉作词、聂耳作曲的《义勇军进行曲》为代国歌。

1949年11月15日，《人民日报》刊登的关于国旗、国歌和年号的“新华社信箱”中，对将《义勇军进行曲》采用为国歌做了如下解释：“《义勇军进行曲》是十余年来在中国广大人民的革命斗争中最流行的歌曲，已经具有历史意义。采用《义勇军进行曲》为中华人民共和国现时的国歌而不加修改，是为了唤起人民回想新中国成立过程中的艰难忧患，鼓舞人民发扬反抗帝国主义侵略的爱国热情，把革命进行到底。这与苏联人民曾长期以《国际歌》为国歌，法国人民今天仍以《马赛曲》为国歌的作用是一样的。”

1978年3月5日，第五届全国人民代表大会第一次会议通过《义勇军进行曲》新词。1982 年 12 月 4 日，第五届全国人民代表大会第五次会议通过关于中华人民共和国国歌的决议，撤销 1978 年 3 月 5 日全国人大会议通过的新词，恢复田汉作词、聂耳作曲的《义勇军进行曲》为中华人民共和国国歌。2004 年，十届全国人大二次会议通过的《宪法（修正案）》在第一百三十六条中增加一款，规定：中华人民共和国国歌是《义勇军进行曲》。2017 年 9 月 1 日十二届全国人大常委会第二十九次会议通过的《中华人民共和国国歌法》规定："国歌是中华人民共和国的象征和标志。"

新中国国徽是如何确定的？其图案的含义是什么？

国徽是代表国家的徽章、纹章，为国家象征之一，也是民族的象征。1949 年 7 月，全国政治协商会议筹备会为了迎接新中国的成立，在《人民日报》登出了向全国征求国旗、国徽及国歌词谱的启事，明确提出对国徽设计的要求是：要有中国特征；要有政权特征；形式要庄严富丽。全国各界人士纷纷投身于这一具有历史意义的工作之中。同时，受中央之命，负责征集国徽图稿的清华大学营建系和国立北平艺专（1950 年改为中央美术学院）都成立了国徽设计小组。截至 1949 年 8 月 20 日，共收到国内及海外华侨寄来的国徽稿件 112 件，图案 900 幅。这些稿件和图案虽各具特色，但都有不足之处，故都未被采纳。因此，在 1949 年 9 月下旬的政协全体会议上，只通过了国旗方案和国歌词谱，没有公布国徽方案。

后来，全国政协第一届委员会决定邀请清华大学营建系和中央美术学院分别组织人力对国徽方案进行设计竞赛。为了赶在 1950 年的国庆节挂上新国徽，两个设计组的专家和学者们，对各种构思和设想认真推敲，反复研究。大家怀着极其兴奋的心情，决心拿出最美好的设计，为祖国增光。根据政协国旗、国徽审查小组提出的要求及各界人士提出的意见，并比较了所有设计方案，两个国徽图案设计组最后确定了国徽图案有如下内容：用齿轮、麦稻穗、五星、绶带作为题材，体现在中国共产党领导下的工农联盟政权和全国人民的大团结。把天安门作为题材的一部分设计进去，用以代表“五四”民主运动发祥地、新中国的诞生地，以天安门作为民族精神的象征。

1950 年 9 月 20 日，中央人民政府主席毛泽东向全国颁发了公布国徽的命令。从此，我国庄严而美丽的国徽诞生了。我国国徽鲜明地表明了我们国家的性质，它标志着中国人民自五四运动以来的新民主主义革命斗争的胜利和工人阶级领导的以工农联盟为基础的人民民主专政的新中国的诞生。1991 年 3 月 2 日，中华人民共和国第七届全国人民代表大会常务委员会第 18 次会议通过了《中华人民共和国国徽法》，并由中华人民共和国主席颁布主席令，予以公布，自 1991 年 10 月 1 日起施行。

新中国为什么定都北京?

首都是一个国家的政治中心和中央政府所在地，是国家主权的象征城市。

随着解放战争的胜利进军，建立新中国的问题自然就提上了议事日程。未来的新中国在何处建都?最初曾经考虑过哈尔滨，以及后来作为备选的西安、洛阳、开封、北平和南京，但最终还是选择了北京作为首都。其原因如下:

一是相比较而言，北京具有其他城市都不具有的作为新中国首都的条件。如哈尔滨，虽然东北当时是中国经济较为发达的地方，是解放军从国民党手中夺取的第一块根据地，又靠近苏联，人民基础好，不过随着全国解放形势急转直下，东北显得过于偏远；西安虽然是西部的政治中心，但现在的中国已不是千年前的中国，现在的中国人口主要分布在东部和中部，也不妥；河南的洛阳或者开封，历史都做过都城，又位于中原，不过当时的洛阳、开封皆已衰落，基础设施也不好；南京是国民党的旧都，虽虎踞龙盘，地理险要，但距离海上太近，不仅政治上不适合作为新中国的首都，而且地理环境也不合适。

二是北京是一个具有悠久历史的文明古都，早在 3000 年前周朝时，燕诸侯国就定都北京，称之为蓟。后来，辽、金、元、明、清均定其为国都。这座著名的历史文化名城，与西安、洛阳、开封、南京、杭州并列为中国六大古都而闻名于世。北京悠久长远的历史文化底蕴是不亚于其他几个古都的，特别是 1919 年在天安门前爆发的五四运动，掀开了中国新民主主义革命历史的第一页，这也使得北京在新时期有着无可代替的价值。

三是从地理环境看，北京其实就是中国的心脏所在，它连接着中国的东北和关内，坐拥太行和燕山两座大山，虽居内陆，但距海较近，且交通发达。战争年代，三面环山，易守难攻；和平年代，东南平坦，适于经济发展、城市建设，而且气候适宜、经济区位都比较优越。

四是北京和平解放，没有受到破坏，而全国其他古都，经过八年抗战，再加上三年内战，十几年的战争，差不多都得重建。为了实现北平和平解放，毛泽东指示要动员一切力量，积极做好北平守军长官傅作义将军及上层军官的统战工作。在中共强大的军事、政治攻势下，傅作义于 1949 年 1 月 30 日宣布接受和平改编，北平和平解放，古老的北平得以完整保存。北平所有名胜古迹，都受到了保护，没有遭到任何损失，城市里的生产和生活一切正常。这是党中央和毛泽东决定定都北平的一个重要原因。

还有一点需要考虑的是，定都北京也是从国际安全和国际政治格局方面考虑的。定都北京正好可以更方便、更直接地得到社会主义阵营的援助。这是中国共产党建立新中国前后的一个基本方针。

正式决定定都北平是在 1949 年 3 月 5 日召开的中共七届二中全会上提出的。七届二中全会提出党的工作重心必须从乡村转移到城市，提出要进行广泛的城市经济建设。在这一背景下，毛泽东提出定都北平，指出："我们希望四月或五月占领南京，然后在北平召集政治协商会议，成立联合政府，并定都北平。"在北平成立中央政府是当时许多民主人士共同的想法。新中国第一任北京市市长叶剑英在七届二中全会期间向毛泽东汇报了北平和平解放的情形。他说，北平和平解放后，很多民主人士来信来电给我们，表示坚决拥护共产党，要与共产党更好地合作，并希望共产党在北平成立全国性政府。

毛泽东和中共中央一直在慎重考虑，但最终决定放弃南京，建都北京，是中共第一代领导集体在综合考虑其历史、政治和国际背景的情况下，并广泛征求民主人士意见，通过法律程序而确定下来的。1949年9月21日，中国人民政治协商会议第一届全体会议在中南海怀仁堂举行，在对定都表决前，沈雁冰汇报了第六小组研究讨论意见，提出了定都北平的理由，认为，北平作为中国首都已经有700多年历史，政治上位于华北老解放区内，人民力量雄厚，规模宏伟，文物集中，为世界上著名的大都市，地理上位于一个大平原，交通四通八达，有平沈、平绥、平汉、平沪等铁路干线，从各种条件看都具备大国首都的资格。最后表决，全体代表一致同意定都北平，并从即日起改北平为北京。

《中国人民政治协商会议共同纲领》产生的背景是什么？

1949年4月23日，随着中国人民解放军占领南京，宣告了国民党在大陆统治的终结，国民党反动政权即将被彻底推翻，建立新中国刻不容缓。革命胜利后将要建立一个什么样的国家，如何把革命胜利的成果用法律形式固定下来，并且规定新中国建立后的大政方针，作为全国人民共同遵循的准则，以便团结全国各族人民把革命和建设事业继续推向前进，这就迫切需要制定一部具有根本法性质的文件。但在当时大陆还未全部解放，战争尚在进行；反革命势力还很猖獗，各项社会改革尚未开展；社会秩序还不够安定；遭受长期战争破坏的国民经济尚未恢复；人民群众的组织程度和觉悟程度尚未达到应有的水平。因此，还不能立即召开由普选产生的全国人民代表大会并且制定一部完善的正式宪法。在这种情况下，中国共产党邀请各民主党派、人民团体、人民解放军，各地区、各民族及国外华侨等各方面的代表600多人，组成中国人民政治协商会议，代表全国各族人民的意志，在普选的全国人民代表大会召开以前代行全国人民代表大会的职权，制定新中国治国理政总章程。

中国人民政治协商会议第一届全体会议为新中国的成立解决了哪些重大问题？

中国人民政治协商会议第一届全体会议于1949年9月21日至9月

30日在北京举行。大会的主要内容是：会议通过了《中国人民政治协商会议共同纲领》《中国人民政治协商会议第一届全体会议宣言》《中国人民政治协商会议组织法》《中华人民共和国中央人民政府组织法》等新中国奠基的历史性文件；会议选举中华人民共和国中央人民政府委员会，选举毛泽东为中央人民政府主席；大会决定以五星红旗为国旗，以《义勇军进行曲》为代国歌，以北平为首都改名为北京，采用公元纪年。大会还决定在首都天安门广场建立一座人民英雄纪念碑，以表示对革命先烈的无限崇敬和缅怀。

《中国人民政治协商会议共同纲领》的主要内容有哪些?

《中国人民政治协商会议共同纲领》是建立新中国的“临时大宪章”，它包含和凝结着中国几代人的建国理想和心血，是新旧民主主义革命斗争经验的总结，是全国各族人民意志和利益的集中体现。纲领全文由序言和总纲、政权机关、军事制度、经济政策、文化教育政策、民族政策、外交政策，共七章六十条组成。纲领确定了中华人民共和国的性质任务及各方面的总方针、政策和原则。

在政治上，纲领规定了新中国的国体和政体，宣布中华人民共和国是以工人阶级为领导的，以工农联盟为基础的，团结各民主阶级和国内各民族的人民民主专政的国家。人民行使国家政权的机关是在民主集中制基础上建立起来的各级人民代表大会和各级人民政府，全国人民代表大会和中央人民政府为国家最高政权机关；中国人民政治协商会议是人民民主统一战线的组织形式。

在经济上，制定了新中国国家经济建设的根本方针政策，实行“以公私兼顾、劳资两利、城乡互助，内外交流的政策，达到发展生产，繁荣经济之目的”的根本方针。

在文化上，纲领规定，中国的文化教育是新民主主义的民族的科学的大众的文化教育，应以提高人民文化水平、培养建设人才为主要任务。

在民族政策上，实行团结互助、各民族一律平等，实行民族区域自治制度。

在军事上，人民解放军和人民公安部队是中华人民共和国所建立的统一的军队。

在外交上，坚持独立、自主和领土完整，拥护国际持久和平和各国人民间的友好合作，反对帝国主义侵略政策和战争政策的原则。

从其内容和具有的法律效力上看，《共同纲领》具有临时宪法的作用，是新中国治国理政的总章程。

《共同纲领》展示了新中国的宏伟建设蓝图，是在中国共产党领导下制定的第一部宪法性的法律文件，是立足实际、切合人民需要、团结全国人民共同前进的政治基础和建国纲领，对于巩固人民政权，加强革命法制，维护人民民主权利，以及恢复和发展国民经济方面起着指导作用。它的许多基本原则在制定1954年宪法时都得到了确认和进一步发展，因而在我国宪政史上有着重要的历史意义。

《中华人民共和国土地改革法》的基本目的、方针和政策是什么?

《中华人民共和国土地改革法》是由1950年6月召开的中国人民政治协商会议第一届全国委员会第二次会议通过的土地改革的国家法律。6月30日，中央人民政府正式颁布。

《土地改革法》对土地改革的基本目的、方针和政策都作了明确的规定。基本目的是:“废除地主阶级封建剥削的土地所有制，实行农民的土地所有制，借以解放农村生产力，发展农业生产，为新中国工业化开辟道路。”规定土地改革的总路线、总政策是:“依靠贫农、雇农，团结中农，中立富农，有步骤地有分别地消灭封建剥削制度，发展农业生产。”

《土地改革法》充分贯彻了满足贫雇农的要求和坚决团结中农的两条基本原则。它规定没收地主的土地、耕畜、农具、多余的粮食及在农村中多余的房屋，“统一地、公平合理地分配给无地少地及缺乏其他生产资料的贫苦农民所有”。对于地主的其他财产，包括地主所兼营的工商业在内，不予没收。对民族工商业，则采取保护政策，不得侵犯。规定“保护中农（包括富裕中农在内）的土地及其他财产，不得侵犯”，容许一部分富裕中农有高于当地人均数的土地量。另外，鉴于人民革命已经取得全国性的胜利，富农的政治态度一般较以前也有所改变，因而，将原来的征收富农多余的土地、财产的政策，改变为保护富农经济的政策，即“保护富农所有自耕和雇佣耕种的土地及其他财产”。这样做，有利于孤立地主，保护中农和小土地出租者，稳定民族资产阶级，有利于土地改革的顺利完成和农业生产的早日恢复和发展。

从1950年冬开始，全国新解放区以《土地改革法》为指导，分期分批进行了土地改革，到1952年底基本完成。

新解放区土地改革运动胜利的重要性是什么?

新中国成立后，广大新解放区的3亿农民仍然受着封建土地制度的束缚，这是恢复国民经济的极大障碍，也是新中国民主化、工业化、独立和富强的障碍。因此，在广大新解放区实行土地改革，既是继续完成民主改革的主要任务，也是恢复和发展国民经济的根本条件。

从1950年冬开始，在全国已建立人民民主政权的条件下，在党的领导下，全国新解放区有计划、有秩序、分期分批进行了土地改革。1950年6月中国人民政治协商会议第一届全国委员会第二次会议通过的《中华人民共和国土地改革法》，是土地改革的指导性文件。土地改革一般都经历了发动群众、划分阶级、没收地主的土地分给无地和少地的农民、复查总结等步骤。到1952年9月，除西藏、新疆等少数民族地区和台湾以外，全国普遍地实行了土地改革，全国3亿农民分得了7亿亩土地和大批生产资料，免除了过去每年向地主交纳700亿斤粮食的苛重地租，广大农民真正获得了翻身解放。

土地改革的完成，彻底消灭了封建土地所有制，促进了农业生产的发展，极大地激发了亿万农民的政治热情和生产积极性，我国粮食、棉花、油料等主要农产品的产量逐年增加，显示了土地改革对解放生产力、恢复和发展农业生产的促进作用。同时，土地改革进一步巩固了工农联盟和人民民主专政，为国家财政经济的根本好转和农业的社会主义改造奠定了坚实的基础。

这次土改是我国历史上规模最大，也是历次土改运动中搞得最好的一次。可以说，土地改革的完成是近代以来中国人民反封建的一个历史性胜利。

西藏和平解放的重大意义是什么？

1951 年 5 月 23 日，中央人民政府的全权代表和西藏地方政府的全权代表在北京签订《中央人民政府和西藏地方政府关于和平解放西藏办法的协议》（简称《十七条协议》），宣告了西藏的和平解放。同年 10 月 16 日，人民解放军根据《协议》规定进驻拉萨。

西藏是我国领土不可分割的一部分。千百年来，藏族同胞为开发和建设西藏做出了伟大的贡献。但是，鸦片战争后，帝国主义势力侵入了西藏，加上国民党政府的反动统治，致使藏族内部发生了分裂。1949 年，中国革命取得了胜利，全国除西藏和台湾外，都获得了解放。为了使西藏人民获得解放，共同发展政治、经济、文化教育等事业，中央人民政府在命令人民解放军进军西藏之际，通知西藏地方政府派全权代表来北京举行谈判，订立和平解放西藏办法的协议。

中华人民共和国成立后，中央人民政府正式宣告废除民族压迫，人民解放军胜利进入昌都一带地区，并在那里实行党的民族政策。这时，西藏人民中长期被压抑着的爱国主义思想迅速增长；班禅额尔德尼十世首先表示拥护中央人民政府；达赖喇嘛十四世“亲政”，表示接受人民政府和平解放西藏的口号。这些都是谈判能够实行的基础。

西藏和平解放是中国现代史和中国革命史上的一个重大历史事件，也是西藏地方历史上一个划时代的转折点。西藏民族从此摆脱了帝国主义的侵略和羁绊，彻底粉碎了帝国主义分裂中国西藏的梦想，维护了祖国统一，巩固了国防。西藏和平解放，为西藏人民废除反动农奴制度、彻底翻身做主人奠定了基础，为西藏的民主改革和民族区域制度的建立、为西藏的社会进步、经济发展奠定了坚实的基础，使西藏民族和西藏人民由此走上了团结、进步、发展的光明大道，西藏地方的历史画卷从此掀开了崭新的一页。

为什么说镇压反革命是必要的?

镇压反革命运动是中华人民共和国建立初期，同抗美援朝、土地改革并称的三大运动之一，简称镇反运动。

新中国成立之初，留在大陆的大批国民党特务、土匪、恶霸、反动党团骨干分子、反动会道门头子等反革命分子，特别是大批国民党特务、反动党团骨干等反革命分子，采取了“长期潜伏，待机而动，重点破坏，进行暗害，武装袭扰”的策略，疯狂进行种种破坏活动，如炸毁工矿、铁路、桥梁，烧毁仓库，抢劫物资，杀害干部，妄图颠覆新生的人民政权。特别是朝鲜战争爆发后，他们认为“第三次世界大战即将爆发”“蒋介石即将反攻大陆”，加紧破坏厂矿铁路，刺探情报鼓动骚乱，妄图里应外合、颠覆人民政权，反革命气焰很是嚣张。据统计，从 1950 年春天到秋天的半年多时间内，新解放地区就有四万多干部和群众积极分子遭到反革命分子的杀害。可以说，猖獗一时的反革命活动给生产恢复和人民生命财产安全带来极大危害。

为了巩固新生的人民政权，稳定社会生活秩序，保证土地改革和经济恢复的顺利进行，为了在抗美援朝开始后建立稳固的后方基地，1950 年 10 月，中共中央发出《关于镇压反革命活动的指示》，要求全面执行“镇压与宽大相结合”的政策。从 12 月开始，全国大张旗鼓地开展了一场镇压反革命运动。运动打击的重点是土匪、特务、恶霸、反动会道头子和反动党团骨干分子。

为了加强对运动的领导，1951 年 2 月 12 日，中央人民政府颁布了《中华人民共和国惩治反革命条例》，规定了处理反革命案件的原则和方法，为镇压反革命运动提供了法律武器和量刑标准。在运动中采取群众路线的方法，坚持首恶者必办，胁从者不问，立功者受奖的原则。贯彻惩办与宽大相结合的政策和“既不放过一个反革命分子，也不冤枉一个好人”的精神，力求做到“打得稳、打得准、打得狠”。在中共中央正确方针政策的指导下，镇反运动在全国范围广泛深入地开展起来，通过群众检举揭发，人民政府依法惩处了一批公开的反革命分子、恶霸、土匪、反动会道门头子。1952年底镇反运动基本结束。

镇反运动的胜利基本肃清了残留在大陆上的国民党反革命残余势力，粉碎了国内外敌人破坏活动和反革命复辟阴谋，安定了社会秩序和人民生活，巩固了人民民主专政和新生的人民政权，支援了抗美援朝、土改运动和国民经济恢复工作的顺利进行。

中共七届三中全会的主要内容和意义是什么？

党的七届三中全会是为全面部署党在恢复国民经济阶段的各项工作，于1950年6月6日至9日在北京举行的一次重要会议。在大会上，毛泽东作了《为争取国家财政经济状况的基本好转而斗争》的书面报告和《不要四面出击》的重要讲话，刘少奇作了《关于土地改革问题的报告》，周恩来作了《关于外交工作和统一战线工作的报告》，陈云作了《关于财政经济工作的报告》，聂荣臻作了《关于军事工作的报告》。毛泽东在报告和讲话中，深刻地分析了第二次世界大战后国内外的形势，总结了新中国成立以来各方面所取得的成绩，指出党在这一时期的中心任务，是为争取国家财政经济状况的基本好转而斗争。完成这一任务的基本条件是：完成土地改革，合理调整现有工商业，大量节减国家机构所需要经费。确定党在当时的战略和策略方针是，尽可能团结一切可以团结的力量，孤立和打击当前的主要敌人；号召全党和全国人民团结一致，搞好土改、稳定物价、调整工商业、改革旧有文化教育事业、救济失业人员、肃清反革命、开好各界人民代表会议、整党八项工作。

中共七届三中全会认真地分析形势，总结经验，澄清思想，统一认识，以便领导全国人民全面地实施伟大的建国纲领。会议的决议为三年经济恢复时期党的工作规定了明确的策略路线和行动纲领。这次会议是新中国成立后的第一次中央全会，会议反映了中国共产党在刚刚执掌全国政权时对慎重处理社会转变时期的社会矛盾保持了高度的清醒，对于彻底完成民主革命遗留的任务、迅速战胜财政经济困难、恢复和发展国民经济具有重要意义。

中共七届三中全会提出的实现党的中心任务的三个条件和八项工作是什么？

中共七届三中全会提出了全党和全国人民在三年左右的时间内实现财政经济状况根本好转的中心任务，并规定了实现这一中心任务的三个条件和八项工作。其三个条件是：（1）土地改革的完成；（2）现有工商业的合理调整；（3）国家机构所需经费的大量节减。

为了创造这三个条件，全党和全国人民要团结起来，努力做好八项工作：（1）有步骤有秩序地进行土地改革工作；（2）巩固财政经济工作的统一管理和统一领导，巩固财政收支的平衡和物价的稳定；（3）在保障有足够力量用于解放台湾、西藏，巩固国防和镇压反革命的条件之下，复员一部分军队，精简和整顿行政机构；（4）有步骤地谨慎地进行旧有学校教育事业和旧有社会文化事业的改革工作，争取一切爱国的知识分子为人民服务；（5）认真地进行对于失业工人和失业知识分子的救济工作，有步骤地帮助失业者就业；（6）认真地团结各界民主人士，开好各界人民代表会议；（7）坚决肃清一切危害人民的土匪、特务、恶霸及其他反革命分子；（8）巩固和发展党的组织，搞好全党整风。

新中国三大外交方针是什么？其内涵是什么？其必要性是什么？

新中国成立之前，毛泽东曾经以通俗的方式阐述了新中国的三条外交方针，即“另起炉灶”“打扫干净屋子再请客”“一边倒”。其中“另起炉灶”就是同旧中国的屈辱外交彻底决裂，不承认旧中国同其他国家建立的外交关系，要在新的基础上，同世界各国建立新的外交关系。“打扫干净屋子再请客”，就是要彻底清除旧中国遗留下来的帝国主义在华特权和残余势力之后，再请客人进来。“一边倒”，即倒向以苏联为首的社会主义阵营一边。

为什么新中国要实行“一边倒”的外交政策？“一边倒”是后于“另起炉灶”“打扫干净屋子再请客”提出来的。事实上，在国共内战爆发时，国际上的冷战格局已经形成。在东方，中国成为两大阵营角力的一个中心场所。在中国革命最后胜利之前，已经客观上形成了美国支持国民党、苏联支持中国共产党的态势。新中国加入社会主义阵营，有助于打破美国等西方国家对新中国的孤立、封锁。

对此，毛泽东早于1949年6月30日《论人民民主专政》一文中写道：“一边倒，是孙中山的四十年经验和共产党的二十八年经验教给我们的，深知欲达到胜利和巩固胜利必须一边倒。积四十年和二十八年的经验，中国人不是倒向帝国主义一边，就是倒向社会主义一边，绝无例外。骑墙是不行的，第三条道路是没有的。”“一边倒”即倒向社会主义一边。“联合世界上以平等待我的民族和人民，共同奋斗。这就是联合苏联、联合各人民民主国家，联合其他各国无产阶级和广大人民，结成国际统一战线。”反对帝国主义的侵略政策和战争政策。但“一边倒”绝不是盲目地无条件地顺从苏联，而是指在两极格局中，新中国坚定地站在社会主义一边，并联合世界上一切爱好和平的国家和人民，同帝国主义的侵略政策和战争政策做坚决斗争。

“一边倒”不仅表明了中国革命是世界无产阶级社会主义革命的一部分，也使新中国在保障人民胜利成果、保卫和维护独立与自主的斗争中不至于处于孤立无援的地位。

新中国是如何对待旧中国同所有外国之间的外交关系的？

新中国成立之初面临的外交课题，首先就是如何对待旧中国与帝国主义各国之间既有的外交关系，如何处理历史上的不平等条约及帝国主义通过这些条约攫取的各种特权。在1947年10月10日《中国人民解放军宣言》中宣布：“否认蒋介石独裁政府的一切卖国外交，废除一切卖国条约，否认内战期间蒋介石所借的一切外债。”12月，在陕北杨家沟召开的中共中央扩大会议上，毛泽东强调，取消帝国主义在中国的特权。

1949 年 1 月 19 日，中共中央发出《关于外交工作的指示》，表明了新中国将不承认国民党政府同所有外国之间的外交关系的立场。《关于外交工作的指示》规定，对于与国民党保持外交关系的资本主义国家的外交机构和外交人员，在新中国与之建立正式外交关系之前，一概不予承认，只把他们当作外国侨民对待；对于直接帮助国民党打内战的美国武官，应派兵监视，不得给以自由；对于苏联及新民主国家的外交机构和人员，在与新中国建立正式外交关系之前，只作非正式的外交来往。《关于外交工作的指示》强调，“采取这种态度，可使我们在外交上立于主动地位，不受过去任何屈辱的外交传统所束缚。在原则上，帝国主义在华的特权必须取消，中华民族的独立解放必须实现，这种立场是坚定不移的”。

新中国成立后制定的第一部法律是什么？其主要内容和意义有哪些？

新中国成立后颁布的第一部法律是《中华人民共和国婚姻法》。这部法律是 1948 年华北解放区妇女工作会议后，由中央妇委开始起草，经过多次讨论和修改，由中央人民政府于 1950 年 5 月 1 日颁布实施的。它以调整婚姻关系为主，以男女婚姻自由、一夫一妻、男女权利平等、保护妇女和子女合法权益为核心，为新中国婚姻法制初步奠定了法律框架。

《婚姻法》开宗明义，第一条规定男女婚姻自由，实施一夫一妻、男女权利平等的婚姻制度，第二条明示“禁止重婚、纳妾，禁止童养媳，禁止干涉寡妇婚姻自由”。在反对封建婚姻制度方面，《婚姻法》明确废除包办强迫、男尊女卑、漠视子女利益的封建婚姻制度；禁止重婚、纳妾；禁止童养媳；禁止干涉寡妇婚姻自由；禁止任何人借婚姻关系问题索取财物。婚姻自由原则，主要体现在结婚和离婚，特别是离婚的自由权利。《婚姻法》充分考虑诉讼离婚的原因大多为包办强迫、买卖婚姻、虐待妇女、早婚、重婚、通奸以及遗弃等封建因素，受害者主要是女方这一事实，作出无条件离婚的规定："男女双方自愿离婚的，准予离婚。男女一方坚决要求离婚的，经区人民政府和司法机关调解无效时，亦准予离婚。"在保障男女平等方面，《婚姻法》规定："夫妻双方均有选择职业、参加工作和参加社会活动的自由。""夫妻双方对于家庭财产有平等的所有权与处理权。""夫妻有各用自己姓名的权利。""夫妻有互相继承遗产的权利。"在保护妇女和子女权益方面，《婚姻法》作了特别规定，加倍扶持实际长期处在弱势地位的妇女。

为保障《婚姻法》的顺利实施，中共中央1950年4月30日下发《关于保证执行婚姻法给全党的通知》，要求各级党委"把保证婚姻法正确执行的宣传工作和组织工作，当作目前的和经常的重要工作任务之一"。"如果共产党员有干涉男女婚姻自由行为以及因干涉婚姻自由而造成被干涉者的伤害或死亡的行为，将不仅应负民事和刑事的责任而受到国家的法律制裁，并且首先将受到党的纪律制裁。"

新婚姻法的颁布实行，是配合土地改革肃清封建残余和建立新的社会生活的一项重大改革。妇女群体借助强大的国家力量，从封建婚姻制度束缚中解放出来，不仅成为新政权的积极拥护者，还调动起参加生产的积极性，催生出新的社会生产力。所以，毛泽东高度评价《婚姻法》，认为它是"仅次于宪法的国家根本大法之一，它是全国范围内实行婚姻家庭制度改革的法律依据，是同封建主义家庭制度作斗争的有力武器，也是建立和发展新婚姻家庭关系、改造旧式婚姻家庭关系的重要工具"。

《中苏同盟友好互助条约》是怎么签订的？其主要内容是什么？

苏联是世界上第一个承认中华人民共和国的国家，在新中国宣布成立次日即1949年10月2日，苏联政府就把外交照会发到了北京，中苏两国决定互派大使。

刚刚诞生的新中国面临着打破帝国主义封锁的困境，因而巩固和发展中苏两个大国的友谊和合作，就显得格外重要。为重新确立中苏关系的指导原则和法律基础、适应世界形势的新变化，1949年12月6日，毛泽东率随行人员乘火车离开北京前往苏联访问。12 月 16 日，毛泽东一行抵达莫斯科。毛泽东此行的目的，一是祝贺斯大林 70 岁寿辰，共同交换对世界形势的看法；二是订立新的中苏同盟条约；三是向苏联借款。毛泽东和周恩来在莫斯科先后与斯大林、维辛斯基等苏联领导人进行了长时间的协商、谈判，两国政府于 1950 年 2 月 14 日正式签订了《中苏友好同盟互助条约》，同年 4 月 11 日生效，有效期 30 年。缔约同时，两国还签署了《关于中国长春铁路、旅顺口及大连的协定》及《关于苏联贷款给中华人民共和国的协定》等。

《中苏友好同盟互助条约》规定，一旦缔约国任何一方受到日本或与日本同盟的国家之侵袭因而处于战争状态时，缔约国另一方即尽其全力给予军事及其他援助。这表明苏联对亚洲，尤其对中国是有义务的，不能听命于帝国主义对这一地区的主宰，这对当时的国际关系产生了重大的影响。

《中苏友好同盟互助条约》是新中国成立后，与外国政府签订的第一个建立在平等基础上的条约。该条约的签订，对我国来说是重要的国际支持，不但使我国获得了国内建设所需要的资金及援助，更使我国在国际上有了一个可靠的盟军，这样有利于我国放手进行建设工作和共同对付可能的帝国主义侵略，争取世界和平。

什么是“银圆之战”和“粮棉之战”？

新中国成立之初，我国在财政经济方面遇到了严重的困难。不仅抗战以来愈演愈烈的恶性通货膨胀仍在延续，而且人民解放军后期作战仍需很大开支，恢复生产和铁路交通急需大量资金，特别是对不反抗新政权的数百万旧军政文教人员实行“包下来”政策，也加重了财政负担。物价飞涨，人心波动。旧社会留下来的畸形发展的投机资本在新解放城市继续兴风作浪，加剧物价上涨，市场混乱，资产阶级讥笑“共产党是军事一百分，政治八十分，财经打零分”。能不能遏制涨价风潮，成为关系人民生活、社会稳定的重大问题。这是我们党从推翻国民党政府到掌握全国政权过程中所面临的新课题，也是对我们党执政能力的一次考验。

面对复杂形势，党和人民政府采取必要的行政手段及有力的经济措施，成功组织了同投机资本作斗争的“两大战役”。

首先是“银圆之战”。为了制止银圆投机，稳定金融市场，各地城市一解放，军管部门和人民政府即通令以人民币为唯一合法货币，金条、银圆、外币一律由人民银行挂牌收兑，严禁在市场上自由流通。但金融投机商对此却置若罔闻，在全国最大的工商业城市上海，他们甚至扬言解放军进得了上海，人民币进不了上海。针对这一情况，1949 年 6 月 10 日，上海解放仅半个月，市军管会即果断查封金融投机的大本营证券大楼，将破坏金融秩序的首要分子 200 余人逮捕法办。武汉、广州等城市解放后也相继查封地下钱庄，沉重打击了投机商的非法活动。全国粮油价格随之回落。

“银圆之战”败北以后，投机资本家又把目光放到粮食和纱布上，他们趁秋后人民政府要大量收购粮棉的时机，大肆囤积居奇，哄抬物价，捣乱市场，先后掀起了四次全国性的物价大涨风，严重扰乱了市场秩序。为了反击投机资本家的猖狂进攻，在陈云的主持下，中央财经委员会部署了全国性的统一反击行动。这一次人民政府主要使用的是经济手段，先是动员铁路交通部门，将大批粮食、棉纱、煤炭等主要物资，从全国各地紧急调往上海、北京、天津等大城市，准备用调集大量物资、选择有利时机、集中抛售的方法压垮不法投机商。

到 12 月 10 日，“米棉之战”取得决定性胜利。

经过这“两大战役”，不法投机资本从此一蹶不振，国营经济取得了稳定市场物价的主动权。事后，上海一位有代表性的资本家说：“六月银圆风潮，中共是用政治力量压下去的，此次则仅用经济力量就能稳住，是上海工商界所料不到的。”事实证明，共产党不仅在军事上、政治上是坚强有力的，在经济上也是完全有办法的。

新中国成立之初，被毛泽东称为其意义“不下于淮海战役”的一个胜利是什么？

这个胜利即稳定物价和统一财经。稳定金融物价的斗争，主要是同民族资产阶级中的投机资本家的较量。当时作为投机市场领导力量的官僚资本已经被没收，但大批的私人投机资本还继续存在，成为破坏国民经济的主要因素。它们趁着国家财政经济还有困难和社会主义经济力量还不十分强大的机会，凭借着在市场上占有的经济优势，扰乱金融物价，疯狂地追逐暴利，向社会主义国营经济发动了猖狂的进攻。在这场斗争中，我们没有采取简单没收的做法，而是按照经济工作的特点，采取了行政手段和经济措施相结合，并以经济措施为主的方针，把政治手段和经济措施巧妙地结合起来。

1950 年 3 月 3 日，政务院颁布了由陈云亲自起草的《关于统一国家财政经济工作的决定》。同日，中共中央向各级党委发出《关于统一国家财政经济工作的通知》。尔后，政务院陆续发布了《关于统一管理一九五〇年度财政收支的决定》《关于全国仓库物资清理调配的决定》《关于国家公粮收支、保管、调拨的决定》《关于全国国营贸易实施办法的决定》《关于实行国家机关的现金管理决定》等一系列重要决定和法令。它们奠定了我国以集中统一为基础的财政经济管理体制的雏形。

稳定物价、统一财经斗争的胜利，结束了国民党统治时代自抗战以来连续 12 年使人民深受其苦的通货膨胀和物价高涨的局面，也结束了旧中国几十年财政收支不平衡的局面，标志着我国财政经济状况开始好转。这一胜利，迅速改变了社会主义和资本主义经济的力量对比，确定了社会主义经济的领导权，为国民经济的恢复和发展，为以后进行大规模的经济建设奠定了基础，同时从经济上巩固了人民民主专政。毛泽东高度评价这一胜利的意义“不下于淮海战役”。

为什么说作出抗美援朝、出兵朝鲜的战略决策符合中国人民的利益，是维护国家安全的最佳选择？

1950 年 6 月 25 日，朝鲜战争爆发。美国为维护其在亚洲的领导地位和利益，立即出兵干涉。9 月中旬，美国军队在朝鲜半岛西海岸仁川登陆，截断朝鲜人民军南下部队的后路，战局急剧逆转。10 月 1 日美军越过北纬 38°线，19 日占领平壤，企图迅速占领整个朝鲜，并公然声称：“在历史上，鸭绿江并不是中朝两国截然划分的、不可逾越的障碍。”同时，美国飞机多次侵入中国领空，轰炸丹东地区，战火即将烧到鸭绿江边。1950 年 10 月上旬，应朝鲜劳动党和政府请求，党中央和毛泽东作出“抗美援朝、保家卫国”的艰难决策，迅速组成中国人民志愿军入朝参战。

抗美援朝出兵参战的决策，是中共中央和毛泽东根据朝鲜劳动党和政府的请求，科学分析国际国内形势，经过慎重思考、深入讨论、反复权衡，独立自主作出的正确抉择。一是维护国家主权。美国武装干涉朝鲜内战时，就命令其海军第七舰队侵入台湾海峡，侵占了中国领土，干涉中国内政，阻止中国人民解放军解放台湾，中国不能没有反应。当时除了抗议、声讨之外，中共中央和国家领导人已经考虑可能要同美国打一仗。用周恩来的话说，就是“6 月 25 日朝鲜战争爆发，给了我们新的课题：支援朝鲜人民，推迟解放台湾”。二是保卫东北地区安全。美国投入朝鲜战争的空军飞机于 8 月 27 日起不断轰炸扫射中国东北边境地区城镇、乡村，地面部队准备越过三八线向中朝边界推进，严重威胁中国东北地区安全。三是维护东北地区经济建设。东北是全国解放最早的地区，经济恢复和建设在全国具有领先地位和示范作用。新中国工业基地一半在东北，而东北工业基地一半在辽东、辽南。如果中国不出兵，让美国压至鸭绿江边，整个南满电力将被控制，无法进行正常建设。四是维护中国社会稳定。美国出兵朝鲜后，国内各种反动势力就活跃起来，活动明显猖獗。不将美国在朝鲜的气焰打下去，国内反动气焰就会更加增高，不利于新生人民政权的巩固和社会稳定。五是从迟早要打的利弊得失上的考虑。如果不出兵，整个东北边防军将被吸住，一千多公里的边防线需要部署很多兵力，还要改善装备和修建机场，随时准备打，与其如此，从经济上说，从国家长远建设上说，迟打早打，早晚要打，晚打不如早打。

抗美援朝的出兵决策体现了中国人民反抗侵略、不惧强敌的决心和信心，符合中华民族的最大利益，得到全国各阶层和各民族人民的热烈拥护。1951 年 10 月 23 日，毛泽东在中国人民政治协商会议第一届全国委员会第三次会议上的开幕词中明确指出："大家都明白，如果不是美国军队占领我国的台湾、侵略朝鲜民主主义人民共和国和打到了我国的东北边疆，中国人民是不会和美国军队作战的。但是既然美国侵略者已经向我们进攻了，我们就不能不举起反侵略的旗帜，这是完全必要和完全正义的。"

什么是"三反"运动？有什么作用？

"三反"运动是指解放初期在中国共产党和国家机关内部开展的反贪污、反浪费、反官僚主义的运动。

1951 年 11 月 30 日，中共中央根据同年秋季全国工农业战线开展的爱国增产运动中揭发出的大量贪污、浪费现象和官僚主义问题，向全党指出：必须严重地注意干部的贪污行为，注意发现、揭发和惩处。12 月 1 日，中共中央作出《关于实行精兵简政、增产节约、反对贪污、反对浪费和反对官僚主义的决定》，把反贪污、反浪费、反官僚主义作为贯彻精兵简政、增产节约这一中心任务的重大措施，要求普遍地检查贪污、浪费和官僚主义问题。12 月 8 日，中共中央又发出《关于反贪污斗争必须大张旗鼓地去进行的指示》。此后，一个全国规模的"三反"运动普遍地开展起来。1952 年 1 月 4 日，中共中央又发出《关于立即限期发动群众开展"三反"斗争的指示》，要求各单位限期发动群众开展斗争。在运动中，各地揭露了一批严重的贪污盗窃案件，并先后召开了坦白检举大会或公审大会，对于严重犯罪分子依法严惩。最典型的例子是依法判处大贪污犯、原中共石家庄市委副书记刘青山和原中共天津地委书记张子善死刑。1952 年 10 月 25 日，中共中央批准了关于结束"三反"的报告，"三反"运动宣告结束。

"三反"运动是无产阶级反对资产阶级的严重斗争，这场运动的胜利，有力地抵制了资产阶级腐朽思想对革命队伍的腐蚀，清除了干部队伍中的蜕化变质分子，教育和挽救了一批干部，提高了干部和广大人民的社会主义觉悟，增强了对资产阶级腐蚀的抵抗力，并在社会上树立了廉洁朴素的社会风尚。

什么是新中国反腐第一案?

在“三反”运动期间，判处党的高级干部、贪污犯刘青山、张子善死刑，被誉为新中国反腐第一大案。刘青山、张子善分别于 1931 年、1933 年入党，是经历过土地革命、抗日战争和解放战争严峻考验的老革命。解放后，刘青山先后担任天津地委书记、石家庄市委副书记，张子善先后担任天津专区专员、天津地委书记。但是他们未能严于律己，很快蜕化变质。据查，刘、张主要犯罪事实有：一是利用职权，盗用飞机场建筑款，克扣地方粮、干部家属救济粮、民工供应粮等公款总计达 171.6 亿多元（旧币，1 万元折合现行人民币值 1 元），用于经营他们秘密掌握的所谓“机关生产”。二是勾结奸商，从事倒买倒卖的非法活动，以 49 亿元巨款倒卖钢材，使国家财产损失达 21 亿元；为从东北套购木材，他们不顾灾民疾苦，占用 4 亿元救灾款，还派人冒充军官倒买倒卖。三是刘、张二人生活腐化堕落，拒不悔改，他们从盗取的国家资财中贪污挥霍共达 3.78 亿多元。刘青山还吸毒成瘾；张子善为隐瞒罪证，一次销毁单据 300 余张。四是破坏国家政策。他们以高薪诱聘国营企业的 31 名工程技术人员，成立非法的“建筑公司”，从事投机活动。五是盘剥民工，将国家发给民工的好粮换成坏粮，抬高卖给民工的食品价格，从中渔利达 22 亿元。

1952 年 2 月 10 日，中央人民政府最高人民法院批准，河北省人民法院临时法庭在保定市体育场召开公审大会，判处大贪污犯刘青山、张子善死刑立即执行并没收其本人全部财产。当天，被押往保定东关大校场枪决。

“贪污和浪费是极大的犯罪。”这无疑是毛泽东和党中央不能容忍的，也是人民不能容忍的。关于此案怎样量刑，当时党内意见也不一致，一些同志认为，刘、张二人在战争年代出生入死，有过功劳，又是高官为由，向毛泽东说情，毛泽东说：“正因为他们两人的地位高，功劳大，影响大，所以才下决心处决他们。只有处决他们，才能挽救 20 个、200 个、

2000个、20000个犯有各种不同程度错误的干部。”事实证明，枪决刘青山、张子善，犹如两声惊雷，向全党敲响了拒腐防变的警钟。在处决刘青山、张子善随后的整个50年代，新中国出现了一派令人称颂至今的党风和社会风气，这无疑证明了毛泽东当时的决断是正确的。

在刘青山、张子善伏法后的第二天，《人民日报》《河北日报》《天津日报》等均以醒目的大字标题在头版报道了公审大会的消息。《河北日报》还用二版整版篇幅刊登了12幅照片，真实地记录了这一重大历史事件。几乎与此同时，中央及各省、市、自治区的报纸、电台也都对此迅速作了报道。世界舆论亦为之反响热烈。毛泽东在为中央起草的转发这一报告的批语中指出：“华北天津地委前书记刘青山是大贪污犯，已经华北局发现，并着手处理。我们认为华北局的方针是正确的，这件事给中央、中央局、分局、省市区常委提出了警告，必须严重地注意干部被资产阶级腐蚀发生严重贪污行为这一事实，注意发现、揭露和惩处，并须当作一场大斗争来处理。”

什么是“五反”运动？其作用是什么？

在“三反”运动中，又暴露出大量的贪污盗窃与社会上不法资本家的行贿、偷税漏税、盗骗国家财产、偷工减料、盗窃国家经济情报的“五毒”行为密切相连，要彻底铲除“三害”，就必须反掉“五毒”。为此，1952年1月26日，中共中央发出了《关于在城市中限期展开大规模的坚决彻底的“五反”斗争的指示》，要求向违法资本家开展一场大规模的“五反”运动。2月上旬，“五反”运动从各大城市开始，很快在全国大张旗鼓地开展起来。1952年3月5日，中共中央规定了对违法资本主义工商户处理的基本原则：过去从宽，今后从严；多数从宽，少数从严；坦白从宽，抗拒从严；工业从宽，商业从严；普通商业从宽，投机商业从严。

1952年3月11日，政务院批准公布了北京市人民政府《在“五反”运动中关于工商户分类处理的标准和方法》，把私营工商户分为守法户、基本守法户、半守法半违法户、严重违法户、完全违法户5类进行定案处理。定案处理的结果是：守法户占总户数的10%～15%；基本守法户占50%～60%；半守法半违法户占20%～30%；严重违法户约占4%；完全违法户约占1%。1952年4月公布了《关于结束“五反”运动中几个问题指示》。

“五反”运动是新中国成立后工人阶级同资产阶级的一场严重的阶级斗争。“五反”运动的胜利，巩固了工人阶级和社会主义国营经济的领导地位，在私营工商业中开始建立工人、店员监督生产和参与管理的制度，为对私营工商业实行社会主义改造创造了有利条件。

和平共处五项原则的基本内涵是什么?

新中国成立后，十分重视同新兴的民族独立国家、特别是周边的民族独立国家建立和发展友好关系。1950年至1951年间，中国同印度、缅甸、巴基斯坦等几个民族主义国家建立了外交关系。

1953年12月，中国政府同印度政府就两国在西藏地区的关系问题进行谈判，周恩来总理在会见印度代表团时第一次提出和平共处五项原则，即“互相尊重主权和领土完整，互不侵犯，互不干涉内政，平等互利，和平共处”。1954年，周恩来总理访问印度和缅甸，在联合声明中，都明确写入了和平共处五项原则，作为处理国际关系的准则。

这五项原则是在建立各国间正常关系及进行交流合作时应遵循的基本原则，得到中国、印度和缅甸政府共同倡导。和平共处五项原则提出后，获得世界上越来越多国家的赞同，成为解决国与国之间关系的基本原则。和平共处五项原则的提出，是中国独立自主外交政策的完整体现，标志着中国外交政策的成熟。和平共处五项原则的提出是国际关系史上的重大创举，为推动建立公正合理的新型国际关系作出了历史性贡献，也表明中国确定了独立自主的和平外交路线。

新中国代表团第一次出席日内瓦五大国外长会议的重要意义是什么?

1954年4月，周恩来总理率领中国代表团出席日内瓦五大国外长会议。日内瓦会议是中国首次以五大国之一的地位和身份参加讨论重大国际问题的会议。在会议期间，以周恩来为首席代表的中国代表团团结一切可以团结的国际力量，认真分析形势，研究对策，做了大量艰苦细致的工作。他们努力调和各方立场，通过出色的、卓有成效的外交活动，为推动会议的成功作出了重要贡献，打破了美国破坏会议的企图。

这次会议不仅使印度支那和平得以实现，缓和了东南亚地区的紧张局势，而且也使中国南部边境有了一个相对稳定的环境。同时，中国代表团还抓住机会，积极展开灵活的外交活动，使中英关系有了新的发展和改善，双方建立了代办级关系，并且也为中美沟通和之后的大使级谈判作了铺垫。日内瓦会议的成功是中国外交的一次重大胜利，它大大提高了中国的国际地位和影响。

什么是“克什米尔公主”号事件?

“克什米尔公主”号事件是与万隆会议有关联的一起震惊全世界的案件。

1955 年 4 月 11 日，“克什米尔公主”号从香港飞往印度尼西亚首都雅加达，原定乘载中国代表团前往万隆参加万隆会议。在香港启德机场停留期间，被国民党特工买通的一名启德机场清洁工将一颗定时炸弹安在了飞机上。飞机在接近印尼海岸时爆炸，机上除 3 名机员生还外，11 名乘客及 5 名机组人员全部罹难。

事件发生后，举世震惊，有关各方很快做出反应，对飞机失事原因的调查也随即展开。我外交部发表声明指出：“这一不幸事件绝非一般的飞机失事”，而是“蓄意制造的谋杀。”声明还讲述了我国事先已获悉蒋介石的特务机关正积极布置对我代表团将要包乘的印度飞机进行破坏，曾要求香港英国当局保障我方人员安全地经过，并“要求英国政府香港英国当局对这一事件进行彻底查究将参与这一阴谋暗害事件的特务分子逮捕法办，以明责任”。

一年后，在北京八宝山革命公墓竖立起一座纪念碑，石碑正面刻有周恩来总理亲笔题写的“参加亚非会议的死难烈士公墓”，背面是 11 位烈士的姓名和简历，碑文中叙述了烈士们的“殉难经过”，并指出“十一位烈士是为了亚非国家的和平、独立和友好，为了保卫远东和世界的和平而牺牲的”。

万隆会议是一次什么样的会议?

万隆会议是 1955 年 4 月 18 日至 24 日在印度尼西亚万隆召开的反对殖民主义，推动亚非各国民族独立的会议，又称第一次亚非会议，万隆会议完全由新独立的民族主义国家发起组织和参加，这在世界历史上是首次。此前所有的国际会议都是由大国、强国主要是西方列强发起、主导和参加，而没有弱小国家的份儿。万隆会议的召开标志着新兴民族主义国家开始以独立姿态登上国际政治舞台，以及世界事务完全由西方列强主宰与支配时代的终结，揭开了国际关系史上的新篇章。

中国总理周恩来率代表团参加。会议广泛讨论了民族主权和反对殖民主义、保卫世界和平及与各国经济文化合作等问题。在会上，中国面对一些国家的攻击和挑衅，没有针锋相对，而是提出“求同存异”的方针，使万隆会议得以顺利进行，取得积极成果，挫败了帝国主义的阴谋。

会议一致通过了包括经济合作、文化合作、人权和自决、附属地人民问题和关于促进世界和平和合作宣言等部分的《亚非会议最后公报》，确定了指导国际关系的十项原则。万隆会议“十项原则”是对《联合国宪章》与和平共处五项原则的丰富与发展，加强了现代新型国际关系的法理基础。“十项原则”突出了国家主权不可侵犯、不干涉内政、大小国家平等、维护国际正义、和平解决国际争端、各国互相尊重、互利合作、和平相处等原则。这些原则是处理国与国关系的理想准则，是新型国际关系赖以建立的法理与道义保证，同旧的国际秩序赖以维系的旧国际法理彻底划清了界限。

会后与会各国共同发表了《亚非会议最后公报》，公布体现出的亚非各国人民反对殖民主义、种族主义，争取和巩固民族独立，保卫世界和平，要求亚非国家之间和平相处、友好合作的精神，通常被称为“万隆精神”。万隆会议作为具有划时代意义的重大国际政治事件而永载史册。

第一个五年计划制定的时间和背景是什么？

第一个五年计划，指的是我国从 1953 年到 1957 年发展国民经济的计划。1951 年春，周恩来、李富春、陈云主持编制第一个五年计划（1953—1957 年），这个计划草案，从 1951 年开始着手，一面建设，一面编制，经过近 4 年的补充和修改，最后经 1955 年 7 月第一届全国人民代表大会第二次会议正式审议通过。

当时的国际背景是，世界两极格局形成，西方帝国主义对新政权采取政治上孤立，经济上封锁，军事上威胁；美国军机对我国沿海进行袭扰；朝鲜战争爆发，我国面临唇亡齿寒的威胁。我国对外采取“一边倒”外交政策，苏联与一些东欧国家以资金与技术援助的形式积极支持中国的经济建设，来自苏联与东欧的经济援助在中国工业化的进程中起到了重要作用。因此，如何快速发展经济、巩固新生的社会主义政权成为党中央最为关心的问题。同样，苏联模式也成为我们可以直接借鉴的模式。

国内，新中国成立后，面对千疮百孔的国民经济，国家迅速采取了一系列方针、政策和措施，一方面，制止了国民党政府遗留下来的恶性通货膨胀，稳定了市场物价，恢复了被战争严重破坏的国民经济，另一方面，基本上完成对封建土地制度的改革，解放农村生产力，发展社会主义国营经济，确立了国营经济对资本主义经济和个体经济的领导地位，为有计划地进行社会主义经济建设创造了条件。同时，政治趋于稳定，经济秩序恢复正常，社会秩序较为安定，加快经济发展成为全国人民的一致要求。

第一个五年计划的主要任务是什么？

五年计划，是中国国民经济计划的重要部分，属长期计划。主要是对国家重大建设项目、生产力分布和国民经济重要比例关系等作出规划，为国民经济发展远景规定目标和方向。“一五”计划是以实现社会主义工业化为中心的，是根据党在过渡时期的总路线和总任务而制定的。

“一五”计划主要任务有两点，一是集中力量进行工业化建设，二是加快推进各经济领域的社会主义改造。计划提出要集中力量进行以苏联援建的156个项目为中心的，由694个大中型建设项目组成的工业建设，以建立社会主义工业化的基础；有步骤地促进农业、手工业的合作化；继续进行对资本主义工商业的社会主义改造；保证国民经济中社会主义成分的比重稳步增长，同时正确发挥个体农业、手工业和资本主义工商业的作用；保证在发展生产的基础上逐步提高人民的物质和文化生活水平。

第一个五年计划为什么要以重工业为发展重点?

对新中国来说，在经济建设上优先发展重工业，主要原因是：

第一，国家刚刚建立不久，为了预防和应对帝国主义的外来侵略，巩固国防，满足国家战争的战时需求，这是军事原因也是最主要的原因。

第二，新中国刚刚成立，在国际上仅仅得到了苏联的支持，为了不被孤立，新中国暂时与苏联结盟，接受苏联的一部分发展模式，这是政治原因。

第三，当时的中国积贫积弱，力量十分有限，集中力量只能优先发展一种产业。而几千年来中国一直是一个农业大国，轻工业从清末开始也有一定的基础和规模，但重工业几乎没有，因此，如果再不发展重工业就没有一个初具规模的工业体系，就不能发展好经济。

在当时的国际环境之下无论从军事、政治方面看，优先发展重工业是最迫在眉睫的。因此，党在制定过渡时期总路线中进一步提出，中国实现工业化，必须以发展重工业为中心环节，建立国家工业化和国防现代化的基础，优先发展重工业，这就是当时确定的中国实现社会主义工业化的道路。

什么是上甘岭战役？其意义是什么？

上甘岭战役，是抗美援朝战争中中国人民志愿军在上甘岭地区进行的坚守防御战役。这次战役于1952年10月14日开始，至11月25日结束，历时43天。这次战役，无论在抗美援朝战争史上、在世界战争史上，还是在新中国精神风貌建设上，都具有极为重要的意义。

上甘岭战役，彻底打掉了以美国为首的“联合国军”在正面战场发动进攻取胜的企图，也证明志愿军正面战线已经巩固，可以集中精力彻底解决侧后海岸防御薄弱的问题。特别是上甘岭战役的胜利，创造了世界现代战争史上坚守防御的典范。当时美联社的报道，将上甘岭的激烈争夺比之为第一次世界大战中的凡尔登战役，说：“这次战役实际上却变成了朝鲜战争中的凡尔登。”更难能可贵的是，上甘岭战役创造了“上甘岭精神”。在43天的坚守中，中国人民志愿军拉响手榴弹、手雷、爆破筒与敌同归于尽，舍身炸地堡、堵枪眼的烈士留下姓名的就有38位之多！这种视死如归的壮烈与坚持坑道斗争十四昼夜的顽强，使得上甘岭成为五六十年代英勇顽强的代名词，上甘岭的精神成为一代人学习的榜样。

抗美援朝战争胜利的意义是什么？

从1950年10月中国人民志愿军出兵朝鲜，到1953年7月，朝中代表团代表和“联合国军”代表在《关于朝鲜军事停战的协定》上签字，在极其艰难困苦的条件下，中国人民志愿军以大无畏的英雄气概同高度现代化装备的美军英勇作战，历时两年零九个月，中国人民志愿军共毙伤俘敌71万余人，战争以美国侵略者被从鸭绿江边打回三八线而告结束。

抗美援朝战争的胜利，粉碎了美国妄图干涉朝鲜内政、并吞全朝鲜的企图，保卫了朝鲜民主主义人民共和国的独立；捍卫了新中国的安全，保障了新中国经济恢复和建设工作的顺利进行；保卫了亚洲和世界的和平，戳穿了美帝国主义“纸老虎”的面目，增强了中国人民的民族自尊心，极大地增强了中国人民的民族自信心和自豪感，鼓舞了世界人民保卫世界和平反对侵略的意志和决心；打出了中国的国威和军威，新中国的国际地位空前提高，包括美苏等大国在内的世界各国必须重新评估中国在亚洲和国际事务中的分量。正如彭德怀在《关于中国人民志愿军抗美援朝工作的报告》中所指出的：“抗美援朝雄辩证明：西方侵略者几百年来只要在东方的一个海岸上架起几尊大炮就可以霸占一个国家的时代是一去不复返了。”

通过朝鲜战争，使中国军队取得了以劣势装备战胜现代化装备的敌人的宝贵经验，经受了“现代战争的考验”，成长为一支能够适应现代战争的正规军，人民军队建设进入一个新的发展阶段。在抗美援朝期间，在中国国内开展了爱国主义和国际主义教育，大批青年踊跃参加志愿军，全国人民掀起了增产节约运动和捐献运动，这不仅支援了抗美援朝战争，也促进了国民经济的恢复和发展，推动了各项社会改革运动的进行。

党在过渡时期的总路线是什么？有什么特点？

过渡时期总路线是指1953年中共中央制定的指导全国人民全面开始从新民主主义向社会主义过渡的基本纲领和路线。

总路线内容是：要在一个相当长的历史时期内，基本上实现国家工业化和对农业、手工业、资本主义工商业的社会主义改造。这是国民经济发展的基本要求，又是实现三大改造的物质基础；而实现对农业、手工业和资本主义工商业的社会主义改造又是实现国家工业化的必要条件。两者互相依赖、相辅相成。社会主义建设和生产资料所有制的社会主义改造同时并举，是这条总路线的基本特点。两者的同时并举保证了新民主主义向社会主义的顺利过渡。过渡时期总路线的实质是解决所有制问题，是改变生产资料的资本主义私有制为生产资料的社会主义公有制。

1953年6月15日召开的中共中央政治局会议对此作了较为完整的概括：“党在过渡时期的总路线和总任务，是要在十年到十五年或者更多一些时间内，基本上完成国家工业化和对农业、手工业、资本主义工商业的社会主义改造。”并指出，“这条路线是照耀我们各项工作的灯塔，各项工作离开它，就要犯右倾或‘左倾’的错误”。12 月，中共中央批准并转发了《为动员一切力量把中国建设成为一个伟大的社会主义国家而斗争——关于共产党在过渡时期总路线的学习和宣传提纲》，标志着总路线的最终形成。1954 年 2 月中共七届四中全会通过决议，正式批准了过渡时期总路线，并于同年 9 月载入第一部《中华人民共和国宪法》。

这条总路线的主要内容可以概括为“一化三改”“一体两翼”的总路线。“一化”，即逐步实现国家的社会主义工业化，这是主体。“三改”，即逐步实现对农业、手工业、资本主义工商业的社会主义改造，这是“两翼”。“化”与“改”之间，这一“改”与那一“改”之间，互相联系，互相促进，互相制约，体现了发展生产力和变革生产关系的有机统一，是一条社会主义建设和社会主义改造同时并举的总路线。党在过渡时期的总路线指明了中国新民主主义过渡到社会主义的任务、途径和步骤，它的实质是改变生产关系，解决生产资料的所有制问题，为进一步解放和发展生产力创造条件。在这条总路线的指引下，中国共产党创造性地开辟了一条适合中国特色的社会主义改造的道路，比较顺利地在我国建立了社会主义制度，为我国社会的发展和进步奠定了基础。

过渡时期总路线提出的历史条件是什么?

1953 年，中共中央按照毛泽东的建议提出了过渡时期总路线，改变了由新民主主义向社会主义转变的最初设想。这一改变，同当时的形势和国民经济恢复时期形成的新认识有关。这方面的情况概括起来主要有：

（1）中国已经有了迅速发展和相对强大的社会主义国营经济。在没收官僚资本主义基础上建立的国营经济，是社会主义性质的经济，且发展迅速。到 1952 年，国营工业产值占全国现代工业总产值的比重已增加到 56%，国营商业的营业额占全国商业营业额的 60%。社会主义经济已成为中国经济生活中的主导因素。要开展大规模的经济建设，必然要大力发展社会主义国营经济。

（2）新中国已经积累了利用、限制资本主义私营工商业的经验。在利用、限制私营工商业的过程中，国家创造了加工订货、经销代销、统购包销、公私合营等一系列国家资本主义的形式。这既是限制资本主义经济的重要措施，又是改造资本主义工商业的最初步骤。这一经验的积累，使毛泽东改变了原有的待条件具备后一举消灭资本主义的设想，形成了逐步过渡更为有利的新认识，即“走一步算是过渡一年，两步两年，三步三年，十年到十五年走完”。

（3）已经积累了在农村开展互助合作的经验，即经过互助组、初级农业生产合作社逐渐引导农民走向合作化的道路。这一经验，使中国共产党产生了新的认识，认识到中国工业化和农业机械化原是一个漫长的过程，不能等到工业化后再搞农业机械化，而是先合作化，然后才能有机械化。毛泽东指出，在我国的条件下，“必须先有合作化，然后才能使用大机器”。

（4）苏联经验的启示。新中国成立后，帝国主义国家对中国军事上侵略威胁，经济上严密封锁，只有社会主义苏联援助中国，特别是苏联建成社会主义的经验，鼓舞着中国人民。苏联的计划经济及工业化、农业合作化的道路等对中国都有启发。苏联所走过的这一条道路，成为中国的榜样。

基于上述认识，毛泽东和中国共产党改变了由新民主主义向社会主义转变的最初设想，而认为从现在开始就要逐步过渡，因而提出了过渡时期总路线。

如何评价党在过渡时期的总路线？

这条总路线的全面实行，开始于 1953 年。原定 15 年左右完成社会主义改造，实际上只花了 4 年多时间就基本完成了。在社会主义改造后期，虽然出现了要求过急、工作过粗、改造过快、形式过于简单划一等偏差，但总的看来，在这条总路线的指引下，占世界人口 1/4 的中国人民，基本上结束了人剥削人的历史，建立起崭新的社会主义制度，确实是一个很大的历史变革。正如《关于建国以来党的若干历史问题的决议》所指出的，这个总路线反映了历史的必然性。

什么是社会主义三大改造？

社会主义三大改造是指新中国成立初期，在全国范围内组织的对于农业、手工业和资本主义工商业进行的社会主义改造。其中，对于资本主义工商业的社会主义改造是三大改造的重点。

我国的社会主义改造是从 1952 年过渡时期总路线提出后全面展开的。它的主要内容是对农业、手工业、资本主义工商业进行社会主义改造。农业社会主义改造是通过合作化运动实现的，它仅用四五年的时间，基本完成了 5 亿农民从个体小农经济向社会主义集体经济的转变。个体手工业的社会主义改造，坚持自愿互利的原则，通过说服教育、典型示范和国家援助的方法引导他们在自愿的基础上联合起来，走合作化的道路，最后发展到社会主义性质的手工业生产合作社。对资本主义工商业实行利用、限制、改造的政策，逐步把生产资料的资本主义所有制改造成为社会主义的公有制。三大改造到 1956 年完成，它使我国的经济结构、阶级关系发生了根本变化。

我国社会主义改造的背景和必要性是什么？

首先，新中国成立后，经过三年艰苦奋斗，国民经济已基本恢复；由新民主主义社会逐步进入社会主义社会的条件已经具备。

其次，国内主要矛盾的变化，客观上要求对资本主义工商业进行改造。工人阶级与民族资产阶级的矛盾逐渐成为中国的主要矛盾，它们之间的斗争日趋激烈，这就需要国家进行适当的政策调整，在保证工人阶级利益的前提下，有步骤地对资本主义工商业进行社会主义改造，从而彻底解决工人阶级和民族资产阶级的矛盾。

最后，这也是新民主主义经济发展的必然趋势。新民主主义经济中既包含了社会主义经济的因素，又包含了非社会主义的因素。但总体来说，具有社会主义性质的国营经济和具有半社会主义性质的合作社经济在新民主主义经济中占据了领导地位，它们决定了新民主主义经济的发展方向；相反，资本主义性质的经济则是国营经济和合作社经济的有益补充，居于次要的地位。总之，对资本主义工商业进行社会主义改造是中国社会发展的大势所趋。

我国农业社会主义改造的几个阶段和经验教训是什么？

从 1951 年 12 月开始，党中央颁发了一系列的决议，规定了我国的农业社会主义改造的路线、方针和政策，到 1956 年底，农业的社会主义改造经历了三个阶段：组织农业生产互助组、发展具有半社会主义性质的初级农业生产合作社、发展具有完全社会主义性质的高级农业生产合作社。

党在领导农业社会主义改造的实践中，积累了丰富的经验。主要是：

（1）从中国的实际情况出发，采取先合作化后机械化的方针，及时引导农民走互助合作的道路；

（2）遵循自愿互利、典型示范和国家帮助的原则，创造了从具有社会主义萌芽性质的互助组，发展到半社会主义性质的初级社，再发展到社会主义性质的高级社的过渡形式；

（3）实行依靠贫下中农，巩固地团结中农，对富农采取从限制到逐步消灭的政策，把消灭剥削阶级同改造剥削分子结合起来；

（4）实行“积极领导，稳步前进”的方针。党的领导必须切实掌握客观实际情况，既不要犯主观主义错误，又不要犯命令主义错误，只有这样才能领导农业合作化健康地发展。

中国农业合作化的成就是巨大的，经验是丰富的，但也存在着缺点和偏差。主要是 1955 年以后，对农业合作化要求过急、改变过快、工作过粗、形式过于简单划一，工作上出现了强迫命令、违反自愿互利原则，以及经营管理跟不上等缺点。出现这些缺点的原因，既有对农民社会主义积极性、对个体经济的作用与倾向估计不准确的问题，也有生产关系改造越快越能发展生产力的认识偏差，还有批判右倾机会主义造成的政治压力等因素。另外，从今天的认识高度上看，当时人们把所有制形式（生产资料集体化）与经营方式（劳动集体化）混为一谈，把集体化与大规模社会化生产混为一谈，误认为集体经济必须集体劳动，才能显示出优越性；误认为有了大型合作社，就有了大规模的社会化生产。因而，改造后建立起来的农村合作经济组织，在模式上、体制上和运行机制上存在一定的缺陷。

手工业社会主义改造是怎样进行的?

手工业的社会主义改造从 1953 年 11 月开始至 1956 年底结束，全国 90% 以上的手工业者加入了合作社。

手工业社会主义改造是中国在建立了无产阶级专政的条件下，通过合作化道路，把个体手工业经济改造成为社会主义集体经济的过程。手工业个体经济是建立在生产资料私有制和个体劳动基础上，规模狭小，经营分散，技术落后，阻碍生产力水平的提高。因此，有必要把它们组织起来，使之变为社会主义集体经济，以适应社会主义建设和人民生活不断提高的要求。

从 1953 年起，中国共产党在过渡时期总路线的指导下，决定逐步对手工业进行社会主义改造。我国对手工业的改造贯彻自愿互利的原则，采取“积极领导、稳步前进”的方针。针对手工业行业多、产品信息强的特点，确立“从供销入手实行生产改造，由小到大，由低级到高级”的改造步骤，先在流通领域组织手工业供销小组或供销合作社，进而过渡到生产领域，组织手工业生产合作社。1956 年底参加手工业合作组织的人数已占全国手工业从业人数的 91.7%，基本上完成了对个体手工业的社会主义改造。

我国资本主义工商业社会主义改造的基本做法是什么?

我国资本主义工商业社会主义改造是在人民民主专政条件下，通过多种国家资本主义形式，把民族资本主义经济改造成社会主义国营经济的过程，是社会主义经济改造的重要内容之一。

资本主义工商业的社会主义改造，从 1954 年至 1956 年底全面进行。对资本主义工商业的社会主义改造经历了三个步骤：一是实行初级形式的国家资本主义。二是实行个别企业的公私合营，企业利润仍为“四马分肥”。三是实行全行业的公私合营。

实际上可以说有两个阶段：第一阶段是把资本主义转变为国家资本主义，国家资本主义是改造资本主义工商业的必经道路；第二阶段是把国家资本主义转变为社会主义。到 1954 年底，主要的大型私营工业企业多数已经通过公私合营的方式转变为公私合营企业。在商业方面，则在国家掌握一切重要货源的情况下，通过使私营商业执行经销代销业务的方式向国家资本主义商业转变。1955 年下半年，不少大中城市出现了资本主义工商业全行业公私合营的趋势。全行业公私合营，是国家资本主义的最高形式，是使资本主义所有制转变为社会主义公有制的具有决定意义的重大步骤。

什么是“四马分肥”？

“四马分肥”是我国社会主义改造时期对民族资本主义工商业利润分配形式的形象说法，是社会主义改造中对资本主义企业的赎买方式。1953 年国家规定，私营企业每年结算盈余，其利润分配依照“四马分肥”的方式，即将利润分为国家所得税、企业公积金、工人福利费、资方红利四个方面进行分配，资方红利（即企业的原高管层）大体只占 1/4 左右。由此可见，资本家剥削的剩余价值量已受到很大的限制。由于对资本主义工商业采取了正确稳妥的政策，到 1956 年底实行高级形式的国家资本主义企业——公私合营企业，在工业中已占原有资本主义工业企业总数的 99%；在商业中，有 40 万户实行了公私合营，有 144 万户实行了合作化。在高级形式的国家资本主义企业中，资本家只能以私股持股人的身份领取相当于年息 5% 的股息（即定息），其剥削量不仅进一步受到限制，而且私股也不再是生息资本，而是向全民财产转化的形式。这样，就在很短的时间内，基本上完成了对资本主义工商业的社会主义改造。

“四马分肥”实质上是中华人民共和国政府对资本家占有的生产资料实行赎买政策的一种形式。

为什么说没收官僚资本具有双重的革命性质?

1947 年，毛泽东在《目前形势和我们的任务》中明确提出了新民主主义的三大经济纲领，即“没收封建阶级的土地归农民所有，没收蒋介石、宋子文、孔祥熙、陈立夫为首的垄断资本归新民主主义国家所有，保护民族工商业”。新中国成立后，对官僚资本企业先按照原来的组织机构和生产系统完整地接收下来，保持“原职、原薪、原制度”，实行监督生产，然后逐步地进行民主改革和生产改革。这样，既避免发生损失和混乱，又保证企业接收后尽快恢复生产。到 1949 年底，国营工业（包括少量合作社工业）的固定资产，占全部工业（包括手工业）固定资产的 80.7%；拥有全国电力产量的 58%，原煤产量的 68%，生铁产量的 92%，钢产量的 97%，还掌握了全国的铁路和其他大部分近代化交通运输事业，以及大部分银行业务和对外贸易。社会经济中凡关系国家经济命脉和足以操控国计民生的部分，已通过没收官僚资本掌握在人民手里。由于官僚资本在旧中国控制着国家的经济命脉，民族资本主义的力量单薄而又分散，官僚资本企业一经收归国家所有，实际上就改造了中国资本主义经济的主要部分。

没收四大家族官僚资本归新民主主义国家所有，这是新民主主义经济纲领的又一项重要内容。没收官僚资本既是新民主主义革命的任务，同时又属于社会主义革命的任务，具有双重革命性质；一方面它摧毁了国民党蒋介石政权的经济基础，是属于新民主主义革命的性质，另一方面，它是剥夺官僚资产阶级的资本为新民主主义国家所有，成为社会主义性质，为国营经济的主要来源，并为社会主义改造创造条件，从而又具有社会主义革命的性质。

为什么对民族资本家的社会主义改造要采取赎买政策?

我国能够采取赎买的方式对资本主义工商业进行和平改造的原因:

一是从民族资本主义经济发展的性质来看，它是一种比较进步的生产关系，民族工商业代表了中华民族的资本主义经济，同官僚资本有着本质上的不同。在中国这样的农业国家，这种资本主义还有用，它的性质是帮助社会主义经济的，新民主主义革命实际上是为中国的民族资本主义的发展创造了条件。但民族资产阶级具有两重性，决定了他们在一定时期和一定程度上能参加反帝反封建的革命，可以成为革命的力量；但在另一时期，有跟在买办大资产阶级后面，作为反革命助手的危险。由此决定了无产阶级在领导革命的过程中，既不能忽视其参加革命的可能性，要团结他们，但又要对其妥协、动摇甚至投降的一面给予坚决的斗争，从而引导革命朝着胜利的方向发展。

二是我国经济落后，生产力水平低下，需要民族资本家发挥其有利于国计民生的一面。从民族资本主义经济在近代中国社会经济中的地位来看，在整个国民经济体系中，民族工商业大多是与人民群众生活密切相关的轻工业，保护和发展民族工商业对解放区的建设、人民生活的改善都发挥着积极的作用。到 1956 年底，国有经济所创造的国民收入已占国民收入总额的 32.2%，成为国民经济的中坚力量。

三是这种赎买政策实现了和平过渡，是中国社会主义改造的创举。通过这些措施，既限制了资本主义经济过分发展给过渡任务完成带来的消极影响，又通过在一定程度上满足资本家利益充分发挥资本主义工商业在工业生产中的积极作用，同时通过和平的方式消灭了资本主义私有制，创造了从资本主义私有制向社会主义的公有制经济过渡的新途径。

赎买的具体方式并不是由国家支付一笔巨额补偿资金，而是让资本家在一定年限内从企业经营所得中获取一部分利润。

我国对资本主义工商业社会主义改造的经验与偏差有哪些？

中国对资本主义工商业社会主义改造积累了丰富的经验：

一是根据中国的历史特点，把资产阶级区分为官僚资产阶级和民族资产阶级，把资本主义经济区分为官僚资本和民族资本，并对他们采取不同的政策。对官僚资产阶级实行专政，对民族资产阶级保持政治上的联盟，实行团结、教育、改造的政策。对官僚资本主义采取强力剥夺的政策，对民族资本主义实行和平赎买的政策。

二是创造了国家资本主义的多种形式，采取从低级到高级逐步过渡，使企业的性质逐步过渡成为社会主义性质。这样，使资产阶级在这种特殊的阶级斗争条件下接受改造，从而减少了社会的震动和不安，保证了有条不紊地变资本主义私有制为社会主义公有制，促进了生产力的发展。

三是把对企业的改造和对人的改造结合起来。在改造资本主义工商业的过程中，以企业为基地，对资本主义工商业者实行团结、教育、改造的方针，坚持思想教育，采取参加劳动和企业管理等形式，把原来的剥削者逐步改造成为自食其力的劳动者。通过这一系列的工作和措施，使绝大多数资本主义工商业者都愿意接受共产党的领导，减少了改造的阻力，还能使资本家利用他们所掌握的科学技术知识和管理经验，为社会服务。

总之，中国对资本主义工商业改造的成绩是巨大的，经验是丰富的。当然，在改造的过程中，也有要求过急、步子太快、工作粗糙等缺点和偏差。主要是公私合营的面过宽，改组过多，对原来私营企业的产品特色、经营特点吸取得不够，对有些原工商业者的使用处理也不是很适当，特别是对私方的技术人员和经营管理人员的知识和经验不够重视，没有充分发挥他们的作用。

我国生产资料私有制社会主义改造的基本经验是什么?

我国生产资料私有制社会主义改造的胜利，是对马克思列宁主义的重大贡献，为国际共产主义运动提供了新鲜经验。中国共产党在实践中，创造性地开辟了一条适合中国特点的社会主义改造道路，积累了丰富的经验，即：

其一，十分重视发展生产力，推进社会主义工业化，不断充实和加强社会主义改造的物质基础。

其二，和平改造。对资本主义工商业采取赎买政策，不仅和平赎买了资产阶级的资产，而且将资产阶级分子改造成为社会主义新人，发挥其技术、管理专长，为社会主义服务，和平赎买的成功，是社会主义运动史上的创举。

其三，逐步过渡，无论对农业、手工业，还是对资本主义工商业，都是通过各种形式，由低级到高级的逐步改造，循序渐进。这样，一方面使被改造者在心理上、习惯上逐渐适应，减少阻力；另一方面也便于从中不断地总结经验、减少失误和社会震动，使三大改造健康地发展。

历史证明，我国社会主义改造道路是成功的，从理论和实践上解决了在中国这样一个经济落后的大国中建立社会主义制度的艰难任务。这是毛泽东思想在新中国成立后的一个重大发展。这一成功经验对国际共产主义运动无疑是一个伟大的贡献。

从新中国成立到 1952 年底，我国国家建设和国民经济恢复取得了哪些重要成就？

在中国共产党的正确领导下，经过三年紧张而艰苦的工作，到 1952 年底，国家胜利完成了国民经济恢复时期的各项任务，国民经济得到恢复和发展，人民生活有了较大的改善，新民主主义的政治、经济制度在全国逐步地建立和健全起来，并进一步发展了新民主主义的文化。这一切为向社会主义的转变创造了必要的条件。具体地说，这一时期的主要成就是：

第一，政权建设取得了显著的成就。到 1952 年 9 月，全国普遍召开了各级人民代表会议，建立了各级人民政府。我们国家最基本的政治制度——人民代表会议，在全国范围内已经成为人民行使管理国家权力的一个有效的基本组织形式，人民真正成为国家的主人，建立和完善新民主主义的政治制度的任务已胜利完成。

第二，国家的经济结构发生了重大变化，社会主义经济的领导地位大大加强。到 1952 年底，国营工业产值占全国工业总产值的比重，已由 1949 年的 34.7% 上升为 56%，国家资本主义工业的比重由 1949 年的 9.5% 增加到 1952 年的 26.9%。建立和完善新民主主义经济制度的任务已胜利完成。

第三，恢复和发展了工农业、交通运输业和商业外贸等。工农业生产达到或超过了历史最高水平。主要工农业产品的产量，除个别产品外，都超过了新中国成立前的最高年产量。商品零售额、进出口贸易、国家财政收入大幅度增加，市场物价稳定。

第四，文化教育卫生事业有了较大的发展。全国学生在校人数大幅度增加。县卫生院已全部建立起来。此外，科学研究事业、新闻出版事业、电影广播事业及各种群众文化活动也都有了较大的发展。

第五，人民的物质文化生活有了明显的提高与改善。由于土地改革的完成和农业生产的恢复和发展，农民的生活有了较大提高。全国农民的年平均收入增加了 30% 以上。随着工农业生产的发展，职工就业人数逐年增加。1952 年，全国职工人数已达 1580 万人，比 1949 年增长 97.5%。全国职工年平均工资已达 446 元，比解放前增加了 70%。

党和政府在集中主要力量进行社会改革和恢复国民经济的同时，还不失时机地领导全国人民进行了有重点的经济建设，主要侧重于水利建设、交通运输建设和以电力、煤炭、钢铁为主的工业建设三个方面。

新中国成立初国民经济恢复的经验有哪些?

国民经济恢复时期取得了伟大的成就，积累了宝贵的经验。其主要经验是:

（1）中国共产党领导全国人民彻底完成了民主革命的任务，集中力量肃清国民党残余势力，消灭了地主阶级，打击了帝国主义的侵略、颠覆活动，胜利地进行各项社会、政治运动，巩固了人民民主专政的政权，实现了全国各地区、各民族的大统一和大团结，使全国出现了一个比较安定团结的政治局面，为迅速恢复和发展国民经济创造了根本条件。

（2）始终坚持发展生产、恢复国民经济为中心，正确处理革命和生产、政治和经济的关系，使各项社会政治运动和各种工作都不干扰生产的正常进行，而是一切工作都围绕着经济建设这个中心工作，并为这个中心工作服务，是为了从生产关系和上层建筑的各个方面打破对生产力的束缚，发挥人民群众对革命和生产的积极性，为恢复和发展生产创造条件。

（3）从实际出发，制定和实行了正确的方针政策，解决了失业工人、手工业者、知识分子的就业问题，解决了农民的土地问题，正确地处理了同民族资产阶级的关系；调动了一切可以调动的积极因素，团结了一切可以团结的人；同时，正确地处理了各种经济成分的关系，使其在国营经济的领导之下，分工合作，各得其所，促进了生产力的迅速发展。

（4）党十分重视自身的建设，采取了整风整党等一系列切合实际的有效措施，使广大党员继承和发扬了党的优良传统和作风，全党上下同心同德团结一致，工作谨慎，态度谦虚，深入实际，深入群众，为国民经济的恢复和发展而英勇奋斗。

为什么要实行统购统销政策？如何评价？

实行粮食统购统销制度是在特定的历史条件下实行的一种经济政策。1953年10月16日，中共中央发出了《关于实行粮食的计划收购与计划供应的决议》。这一决议是根据陈云的意见，由邓小平起草的。所谓“计划收购”被简称为“统购”；“计划供应”被简称为“统销”。后来，统购统销的范围又继续扩大到棉花、纱布和食油。

为什么要实行统购统销政策？最根本的原因是工业化快速推进带来城市、工矿区对粮食等农产品需求的过快增长所致。从1953年起，国家开始了规模巨大的经济建设和文化建设，全国就业人数又大为增加。这样，就大大增加了社会工资总量和城市人民的收入。正是由于城乡人民的收入增加了，消费提升，出现粮食、油料、肉类、布匹供不应求的现象。而新中国成立初期，中国农业是传统农业，以役畜为动力，户均耕畜不足1头、耕犁只有约1/3张，农村基本上是自给半自给的小农经济，农业商品率极低，全国人均粮食产量1949年只有209公斤、1952年也只有288公斤。再加上农村余粮户有待价惜售心理，以及私人粮商又控制了一部分粮食市场，加剧了粮食供应的紧张。党中央对此高度重视，有关部门反复权衡比较，认为在粮食生产不能有很大提高的条件下推进工业化，只能在农村进行征购，在城市实行配给，严格管制私商的投机活动。

除对粮食实行统购统销外，1953 年和 1954 年又分别对油料、棉花等农产品实行统购统销，并自 1954 年起对生猪等其他农产品先后实行了有计划的统一收购即派购制度。1957 年 8 月，国务院在《关于由国家计划收购（统购）和统一收购的农产品和其他物资不准进入自由市场的规定》中进一步明确，属于国家统一收购的农产品包括：烤烟、黄洋麻、苎麻、大麻、甘蔗、家蚕茧（包括土丝）、茶叶、生猪、羊毛（包括羊绒）、牛皮及其他重要皮张、土糖、土纸、桐油、楠竹、棕片、生漆、核桃仁、杏仁、黑瓜子、白瓜子、栗子，集中产区的重要木材，大麻、甘草、当归、川芎等 38 种重要中药材，供应出口的苹果和柑橘，若干渔业集中产区供应出口和大城市的水产品。

实行统购统销政策，是我国工业化初创阶段必须采取的一项重大决策。在当时的历史条件下，这项政策不仅稳定了市场，在不高的水准上解决了全国人民经济生活中最重要的吃、穿问题，而且基本满足了初期工业建设对大宗粮食的需要，初步缓解了粮食供求紧张的矛盾。在工业化初级阶段，工业品和农产品的价格还存在着较大的剪刀差，这实际上是为工业提供积累的一个重要来源，也是几亿农民为国家工业化作出的重要贡献。同时，统购统销和互助合作相互联系，作为对小农经济进行社会主义改造的两大战略措施，从根本上排除、代替了私营批发商在粮食、油料、棉花、纱布等重要物资方面的阵地，加强了国营经济与农民的联系，促使广大农民走上合作化的道路，也带动了对资本主义工商业的社会主义改造。当然也应看到，统购统销制度在客观上割断了农民历来同市场的联系，限制了商品生产的发展，这在当时的历史条件下是难以避免的。

总的来说，主要农产品的统购统销，在我国实现工业化的初期是一个适合当时需要的积极举措。实施这一政策 20 多年的实践说明，它对供给和支持经济建设，保证人民基本生活安定，维持物价和社会秩序稳定，每逢灾年调集粮食赈灾度荒等都起到了重要作用，是功不可没的。

什么是新民主主义社会？其基本特征是什么？

新民主主义社会是由新民主主义转变到社会主义的过渡性的社会性质，是中国社会主义初级阶段的前身。

中国革命胜利后，并没有立即进入社会主义，而是经历了特殊的新民主主义社会。新民主主义社会并不是一个独立的社会形态，是一个既不是社会主义也不是资本主义社会，既有社会主义因素又有资本主义因素的特殊的社会形态。新民主主义社会就是新民主主义政治、经济、文化的统一。毛泽东明确指出：新民主主义社会“是一大历史时期的形式，因而是过渡的形式，但是不可移易的必要的形式，它的前身是半封建半殖民地社会，它的后身是社会主义社会，它的存在就是要在无产阶级专政条件下，利用资本主义来补上发展生产力这一课，从而为社会主义创造物质前提”。

1949年10月1日中华人民共和国成立，标志着新民主主义社会制度在全中国的建立。1956年社会主义改造基本完成，中国实现了由新民主主义社会向社会主义社会的转变，中国新民主主义社会结束。

新民主主义社会是近代中国由半殖民地半封建社会走向社会主义社会的中介与桥梁，其有以下特征：

（1）在社会形态上，它不是独立的社会形态，而是属于社会主义体系的和逐步过渡到社会主义的过渡性质的社会；

（2）在政治上实行以工人阶级为领导的各革命阶级联合专政的人民民主专政，民族资产阶级作为一个阶级还存在，并在国家政权中占有一定地位；

（3）在经济上实行国营经济主导的包括合作社经济、个体经济、私人资本主义和国家资本主义五种经济成分并存的新民主主义经济制度；

（4）在文化上实行发展以马克思主义为指导的民族的、科学的、大众的文化；新民主主义社会是中国走向社会主义的必由之路。

中华人民共和国第一届全国人民代表大会第一次会议主要内容有哪些？

中华人民共和国第一届全国人民代表大会第一次会议于 1954 年 9 月 15 日至 9 月 28 日在北京召开。毛泽东致开幕词。会议听取了中华人民共和国宪法起草委员会委员刘少奇《关于中华人民共和国宪法草案的报告》。周恩来在《政府工作报告》中提出："我国伟大的人民革命的根本目的，是在于从帝国主义、封建主义和官僚资本主义的压迫下面，最后也从资本主义的束缚和小生产的限制下面，解放我国的生产力，使我国国民经济能够沿着社会主义的道路而得到有计划的迅速的发展，以便提高人民的物质生活和文化生活的水平，并且巩固我们国家的独立和安全。"

会议制定并颁布了中国历史上第一部人民的宪法——《中华人民共和国宪法》。会议通过了《关于政府工作报告的决议》《中华人民共和国全国人民代表大会组织法》《中华人民共和国国务院组织法》《中华人民共和国人民法院组织法》《中华人民共和国人民检察院组织法》《中华人民共和国地方各级人民代表大会和地方各级人民委员会组织法》《关于中华人民共和国现行法律、法令继续有效的决议》。

毛泽东当选为中华人民共和国主席，朱德当选为中华人民共和国副主席，刘少奇当选为第一届全国人民代表大会常务委员会委员长，宋庆龄等 13 人当选为副委员长，董必武为中华人民共和国最高人民法院院长，张鼎丞为中华人民共和国最高人民检察院检察长。根据中华人民共和国主席的提名，决定周恩来为国务院总理。

第一届全国人民代表大会第一次会议的重要意义，正如毛泽东在开幕词中所指出的："我们这次会议具有伟大的历史意义。这次会议是标志着我国人民从 1949 年建国以来的新胜利和新发展的里程碑，这次会议所制定的宪法将大大地促进我国的社会主义事业。我们的总任务是：团结全国人民，争取一切国际朋友的支援，为了建设一个伟大的社会主义国家而奋斗，为了保卫国际和平和发展人类进步事业而奋斗。”第一届全国人民代表大会第一次会议的召开，标志着人民代表大会制度在全国范围内建立起来，我国以人民代表大会为基础的政权制度全面确立，国家权力开始由人民选举产生的人民代表大会统一行使。这是加强我国人民政权建设的重大步骤，是社会主义民主和法制建设的一个重要里程碑。全国人民代表大会的成立和宪法的公布施行，开创了我国人民民主的全新阶段。

什么是“五四宪法”？其主要内容有哪些？

“五四宪法”指的是 1954 年 9 月 20 日第一届全国人民代表大会第一次会议以全票赞成通过的《中华人民共和国宪法》。因其在 1954 年颁布，故称为“五四宪法”。这是第一届全国人民代表大会第一次全体会议在《共同纲领》的基础上制定的我国第一部社会主义类型的宪法。

“五四宪法”是建立在《共同纲领》基础之上的正式宪法，延续了《共同纲领》的使命从而完成国家建构的任务。在《共同纲领》奠定的制度基础上，“五四宪法”总结新中国成立 5 年来的实践经验，经过民主程序最终完成了国家建构的过程。《共同纲领》奠定的制度基础包括各项新民主主义的国家制度和社会制度，它们在实际生活中得到了很好的尊重和有效的运行。正如《中华人民共和国宪法》序言所讲：“这个宪法以 1949 年的中国人民政治协商会议共同纲领为基础，又是共同纲领的发展。这个宪法巩固了我国人民革命的成果和中华人民共和国建立以来政治上、经济上的新胜利，并且反映了国家在过渡时期的根本要求和广大人民建设社会主义社会的共同愿望。”可以说，这是新中国第一次以宪法这种最庄严的法律形式，确认了中国各族人民奋斗的成果，规定了国家的根本制度和根本任务，是国家的根本法，具有最高的法律效力。

其主要内容有：

第一，坚持人民民主专政的制度。《中华人民共和国宪法》明确规定：“中华人民共和国是工人阶级领导的、以工农联盟为基础的人民民主国家”；“中华人民共和国的一切权力属于人民。人民行使权力的机关是全国人民代表大会和地方各级人民代表大会”；“全国人民代表大会、地方各级人民代表大会和其他国家机关，一律实行民主集中制”。《中华人民共和国宪法》还明确规定，以共产党为领导的各民主阶级、各民主党派、各人民团体的广泛的人民民主统一战线，仍将继续发挥它的作用；规定一切国家机关和国家机关工作人员必须密切联系群众，为人民服务，接受人民群众的监督。这些规定充分表明新中国的性质是人民民主国家，人民行使权力的广泛性和真实性是任何资本主义的民主所无法比拟的。

第二，坚持社会主义改造的道路。《中华人民共和国宪法》将中国共产党在过渡时期的总路线和总任务以法律的形式肯定下来，庄严宣布：“过渡时期的总任务是逐步实现国家的社会主义工业化，逐步完成对农业、手工业和资本主义工商业的社会主义改造。”并指出，国家通过社会主义工业化和社会主义改造，保证消灭剥削制度，建立社会主义社会。

第三，设置国家机构。《中华人民共和国宪法》规定：全国人民代表大会是最高国家权力机关；设立国家主席；设立国务院，作为最高国家行政机关；设立地方各级人民代表大会和各级人民委员会，分别作为地方各级国家权力机关、行政机关；设立各级人民法院，作为各级审判机关；设立各级人民检察院，作为各级检察机关，等等。

第四，规定了公民的基本权利和义务。《中华人民共和国宪法》规定：公民在法律上一律平等；公民有言论、出版、集会、结社、游行、示威的自由；有宗教信仰的自由；有居住和迁徙的自由；有劳动权、休息权、受教育权，等等。公民有遵守宪法、法律、劳动纪律、公共秩序的义务，有爱护和保护公共财产的义务，有保护祖国、依法服兵役的义务，等等。

正如毛泽东曾说过：“一个团体要有一个章程，一个国家也要有一个章程，宪法就是一个总章程，是根本大法。用宪法这样一个根本大法的形式，把人民民主和社会主义原则固定下来，使全国人民有一条清楚的轨道，使全国人民有一条清楚的明确的和正确的道路可走，就可以提高全国人民的积极性。”

新中国何时作出发展原子能事业、研制原子弹的决定?

1955年1月15日，在毛泽东主持召开的中共中央书记处扩大会议上，作出了发展原子能事业、研制原子弹的决定。4月，毛主席在《论十大关系》的报告中，再次强调：“中国不但要有更多的飞机和大炮，而且还要有原子弹。”同年7月，中共中央指定陈云、聂荣臻、薄一波组成中央原子能事业领导小组（简称三人小组），负责指导发展原子能事业的工作。1956年4月任命聂荣臻为主任组建领导导弹和航空事业发展的航空工业委员会。10月，中央决定成立导弹研究机构国防部第五研究院。11月，全国人大常委会决定设立第三机械工业部，主管核工业建设和核武器研制工作。历史证明，重点突出尖端技术的发展，是一项很有远见、很有胆略的战略决策，对于中国国防科技事业发展和国防现代化建设具有重大而深远的意义。

社会主义政治制度、经济制度确立的重大意义是什么?

1956年，随着社会主义改造的基本完成，社会主义的经济制度、政治制度在中国全面地建立起来。这是中国进入社会主义社会的最主要标志。

第一，社会主义经济制度的确立，为中国现代化的建设创造了制度条件。在1956年，中国大陆的生产资料私有制的社会主义改造取得了决定性胜利。农业、手工业个体所有制基本上转变为劳动群众集体所有的公有制，我国的国民经济中全民所有制和劳动群众集体所有制这两种公有制经济已经占据主体地位。社会主义经济制度以其与社会化大生产一致性和能够在经济落后条件下尽可能地集中力量办大事的优势，为发展社会生产力开辟了广阔的道路。

第二，社会主义政治制度的确立，中国共产党发挥着领导全国各族人民建设社会主义的核心作用，工人阶级作为人民民主专政国家的领导阶级，其领导地位得到加强，工农联盟以及工人阶级同其他劳动人民的联盟在社会主义基础上进一步巩固，按照民主集中制原则建立起来的人民代表大会制度使广大劳动人民真正成为国家的主人和社会生产资料的主人，这是中国几千年来阶级关系的最根本变革。因而极大地提高了工人阶级和广大劳动人民的积极性和创造性，巩固和扩大了工人阶级领导的，以工农联盟为基础的人民民主专政的国家政权的阶级基础和经济基础。

第三，中国社会主义制度的确立，进一步改变了世界政治经济格局，增强了社会主义的力量，对维护世界和平产生了积极影响。占世界人口 1/4 的东方大国进入了社会主义社会，这是世界社会主义运动历史上又一个历史性的伟大胜利，中国人民在中国共产党的领导下通过自己艰苦卓绝的努力走上社会主义道路，为其他相对落后的国家探索民族独立、人民解放和走符合本国国情的发展道路提供了重要经验，对这些国家的人民也是一个巨大的鼓舞，为其他相对落后的国家探索民族独立、人民解放和走符合本国国情的发展道路提供了重要经验。

社会主义政治制度、经济制度的确立，为当代中国的一切发展和进步奠定了基础，这是中国共产党历史和中华人民共和国历史上一个重要的里程碑，是中国历史上最深刻最伟大的社会变革，也是 20 世纪中国又一次划时代的历史巨变。

《论十大关系》发表的背景是什么?

《论十大关系》是以毛泽东为核心的党的第一代领导集体探索适合中国情况的社会主义建设道路的开创性篇章。

毛泽东的《论十大关系》，是在我国刚进入社会主义社会不久，面临大规模社会主义建设任务的历史条件下产生的。其发表的背景，从国内看，1956 年，随着生产资料私有制的社会主义改造基本完成，中国进入了全面建设社会主义的新时期，党的工作重心也随之由阶级斗争转向社会主义建设，但是新建立的生产关系还不完善，单一制和高度集中的计划经济开始暴露出不少问题，第一个五年计划，虽然在苏联帮助下成就喜人，但是在许多方面基本照搬苏联，因而在社会主义建设中还存在诸多迫切需要解决的矛盾和问题。从国际上看，当年 2 月，赫鲁晓夫在苏共二十大上作了关于斯大林问题的秘密报告，虽然尖锐揭露和批判了斯大林领导下的苏联社会主义建设中的严重错误和对他的个人崇拜造成的严重后果，破除了迷信，但存在严重偏差，它无论在内容上还是在方法上，都有严重错误。它在苏联内部和国际共产主义运动中引起了严重的思想混乱，西方敌对势力乘机掀起了世界性的反共浪潮。

正因如此，毛泽东在论“十大关系”时首先提出：“最近苏联方面暴露了他们在建设社会主义过程中的一些缺点和错误，他们走过的弯路，你还想走?”对此，我们要“引以为戒”。1956 年 2 月 14 日至 4 月 24 日，毛泽东听取了国务院 34 个部门的汇报，以及国家计划委员会关于第二个五年计划的汇报。在这个过程中，他就一些问题与有关负责人进行探讨，认真总结新中国成立后的建设经验，思考今后中国的发展道路。以苏联的经验为借鉴，总结自己的经验，探索一条适合中国情况的建设社会主义道路的任务，已经提到了中国共产党面前。

《论十大关系》的基本方针和主要内容是什么?

1956 年 4 月和 5 月，毛泽东先后在中央政治局扩大会议和最高国务会议上，作了《论十大关系》的报告，初步总结了我国社会主义建设的经验，明确提出了以苏为鉴，独立自主地探索适合中国情况的社会主义建设道路。

《论十大关系》总结了我国社会主义建设的经验，提出的基本方针是：一定要努力把党内党外、国内国外的一切积极因素，直接的、间接的积极因素，全部调动起来，把我国建设成为一个强大的社会主义国家。这一方针放在历史时期中，其实是明确了建设社会主义的根本思想是必须根据本国情况走自己的道路，即实事求是。后来的中国特色社会主义其实走了这个方针的路子。

为了贯彻这一方针，报告从十个方面论述了我国社会主义建设需要重点把握的重大关系。一是重工业和轻工业、农业的关系。在重工业和轻工业、农业的关系问题上，要用多发展一些农业、轻工业的办法来发展重工业。二是沿海工业和内地工业的关系。在沿海工业和内地工业的关系问题上，要充分利用和发展沿海的工业基地，以便更有力量来发展和支持内地工业。三是经济建设和国防建设的关系。在经济建设和国防建设的关系问题上，在强调加强国防建设的重要性时，提出把军政费用降到一个适当的比例，增加经济建设费用。只有把经济建设发展得更快了，国防建设才能够有更大的进步。四是国家、生产单位和生产者个人的关系。在国家、生产单位和生产者个人的关系问题上，三者的利益必须兼顾，不能只顾一头，既要提倡艰苦奋斗，又要关心群众生活。五是中央和地方的关系。在中央和地方的关系问题上，要在巩固中央统一领导的前提下，扩大地方的权力（即权力下放给地方），让地方办更多的事情，发挥中央和地方两个积极性。六是汉族和少数民族的关系。在汉族与少数民族的关系问题上，要着重反对大汉族主义，也要反对地方民族主义，要诚心诚意地积极帮助少数民族发展经济建设和文化建设。七是党和非党的关系。在党和非党的关系问题上，共产党和民主党派要长期共存，互相监督。八是革命和反革命的关系。在革命和反革命的关系问题上，必须分清敌我，化消极因素为积极因素。九是是非关系。在是非关系问题上，对犯错误的同志要实行“惩前毖后，治病救人”的方针，要允许人家犯错误，允许并帮助他们改正错误。十是中国和外国的关系。在中国和外国的关系问题上，要学习一切民族、一切国家的长处，包括资本主义国家先进的科学技术和科学管理方法，要反对不加分析地一概排斥或一概照搬。

“十大关系”涉及生产力和生产关系、经济基础和上层建筑各方面。前五条主要讨论经济问题，着眼于从经济工作的各个方面调动各种积极因素。其中前三条讲重工业和轻工业、农业的关系，沿海工业和内地工业的关系，经济建设和国防建设的关系。这里涉及的实际上是开辟一条和苏联有所不同的中国工业化道路问题。第四、第五条讲国家、生产单位和生产者个人的关系，中央和地方的关系，开始涉及经济体制改革。这样就初步提出了中国社会主义经济建设的若干新方针。“十大关系”的后五条，讲汉族与少数民族的关系、党与非党的关系、革命和反革命的关系、是非关系、中国和外国的关系，都是属于政治生活和思想文化生活调动各种积极因素的问题。

《论十大关系》的重要意义有哪些?

毛泽东《论十大关系》的讲话，是毛泽东关于社会主义建设的代表作，是中国共产党人开始探索适合中国情况的社会主义建设道路所取得的主要成果。毛泽东在报告中总结了我国社会主义建设的经验，反映了经济发展的客观规律和社会政治稳定的需要，提出了探索适合我国国情的社会主义建设道路的任务。《论十大关系》中关于从中国国情出发走自己的路的思想，关于调动一切积极因素、建设社会主义的基本方针，关于中国工业化道路和经济体制改革的若干设想，等等，是以毛泽东为代表的中国共产党人使马克思列宁主义与中国社会主义建设的实际相结合的产物，具有开创性的意义。它为中国共产党第八次全国代表大会的召开，作了重要的思想上和理论上的准备。它对于党的八大路线的确立，起了十分重要的作用。

《论十大关系》作为开辟适合中国情况的社会主义建设道路的开篇之作，科学地提出和阐明了一系列适合我国国情的建设社会主义的基本思想和正确方针，对当时和以后的社会主义建设都有很强的针对性和理论指导作用，对我国社会主义事业的发展有深远意义。正如邓小平所说:“这篇东西太重要了，对当前和以后，都有很大的针对性和理论指导意义。”

什么是“双百”方针?

“双百”方针是党的八大后党中央适应当时中国经济社会发展需要制定的党领导科学和文化工作的方针。1956 年 4 月 28 日，毛泽东在政治局扩大会议讨论《论十大关系》报告工作总结时明确指出:“‘百花齐放，百家争鸣’，我看应该成为我们的方针。艺术问题上百花齐放，学术问题上百家争鸣。”在 5 月 2 日的最高国务会议上，毛泽东正式宣布了这一方针。随后，中宣部长陆定一 5 月 26 日代表党中央在中南海怀仁堂作题为《百花齐放，百家争鸣》的报告，系统详尽地阐述贯彻

“双百”方针，就是要在文艺工作和科学工作方面，也把一切积极因素调动起来，为繁荣我国的文学艺术，为我国科学技术赶上世界先进水平而努力。

“双百”方针是中国共产党的一个基本性、长期性的方针，对发展我国经济和科学文化事业具有重大意义。“双百”方针提出后，科学技术领域和文学艺术领域，出现了繁荣的景象。学术界围绕中国历史分期、人口学、社会学、遗传学等一些问题展开了热烈的探讨与争论。文学艺术界思想活跃，文艺创作的题材、风格得到拓展，涌现出了一大批人民喜闻乐见的作品，如杨沫的长篇小说《青春之歌》、柳青的《创业史》等。

中共八大召开的重大意义是什么？

1956 年 9 月 15 日至 27 日在北京召开的中国共产党第八次全国代表大会，是党在全国执政后召开的第一次全国代表大会，是显示了党的团结和事业兴旺发达的大会，是一次解放思想、民主开放的大会。

新中国成立后，党面临的重大问题，是如何带领中国人民走出一条适合自己的社会主义建设道路。党的八大确定的路线，正是为着解决这一重大问题。党的八大是在我国历史处在一个重大转折时期召开的，它依据新的历史要求，及时地向全党全国人民提出了新的任务，制定了新的路线和方针，它是作为我们党探索中国自己的建设社会主义道路的伟大开端的标志，载入党的史册。

党的八大是一次成功的大会。它宣告了社会主义革命的基本完成和社会主义制度的基本确立，并明确提出了党在今后的根本任务。大会制定的党的路线是正确的，提出的许多新方针和新设想是富于创造精神的。由于我国社会主义建设实践的时间很短，社会主义建设的规律尚未充分显现出来，党在理论上和思想上对社会主义的认识还不够成熟，一些新的观念和方针还未能牢固确立并取得深刻的共识。但这次会议对中国建设社会主义道路的探索，毕竟站在了比较高的历史起点上，并取得了初步成果。历史证明，这些成果对于党的事业的发展有长远的重要意义。

中共八大确定的党和全国人民在新形势下的主要任务是什么?

党的八大正确分析国内形势和国内主要矛盾的变化，明确规定了党和全国人民在新形势下的主要任务。大会宣布我国无产阶级同资产阶级之间的矛盾已经基本上解决，几千年来的阶级剥削制度的历史已经基本上结束，社会主义的社会制度在我国已经基本上建立起来。我国国内的主要矛盾已经是人民对于建立先进的工业国的要求同落后的农业国的现实之间的矛盾，已经是人民对于经济文化迅速发展的需要同当前经济文化不能满足人民需要的状况之间的矛盾。党和全国人民当前的主要任务，就是要集中力量来解决这个矛盾，把我国尽快地从落后的农业国变为先进的工业国。这些论述的着眼点，在于把我国生产力发展还很落后这一基本国情突出出来，强调在生产资料私有制的社会主义改造已经基本完成的情况下，国家的主要任务已经由解放生产力变为在新的生产关系下保护和发展生产力，全党要集中力量去发展生产力。这个着眼点，历史证明是正确的。

中共八大的理论贡献有哪些?

中共八大总结了中国社会主义革命和社会主义建设的经验，制定了以经济建设为重点的社会主义建设的战略方针。毛泽东在党的八大开幕词中指出八大召开的目的和宗旨是：总结党的七大以来的经验，团结全党，团结国内外一切可以团结的力量，为建设社会主义中国而奋斗。这次会议取得了一系列重大成果，成为以毛泽东为代表的中共第一代领导集体探索社会主义建设道路的里程碑。

首先，正确分析了国内形势和国内主要矛盾，明确规定了党和国家现阶段的主要任务。党的八大通过的政治报告的决议宣布，几千年来的阶级剥削制度的历史已经基本上结束，社会主义的社会制度在我国已经基本上建立起来了。党和国家的主要任务已经由解放生产力变为在新的生产关系下面保护和发展生产力。这表明，中共八大实际上作出了实行党和国家工作重点转移的战略决策。

其次，制定了积极稳步、综合平衡的经济建设方针。大会坚持了1956年5月党中央提出的既反保守又反冒进，即在综合平衡中稳步前进的方针。为贯彻这一方针，会议作了部署，其要点是：合理地积累和分配资金；继续坚持优先发展重工业的方针，同时，积极地发展轻工业，用更大的力量发展农业，相应地发展运输业和商业；改进行政体制和经济管理体制，发挥地方的积极性；改革计划经济体制，搞活社会主义经济。大会通过了《关于发展国民经济的第二个五年计划（1958—1962）的建议》，还提出了用三个五年计划或者再多一点的时间把我国建设成为一个基本上完整的工业体系的战略设想。

第三，党的八大根据新的形势、新的任务，提出了加强执政党建设的一系列重要原则。大会《关于修改党的章程的报告》，一方面，突出地提出反对党内主观主义、宗派主义、官僚主义，批评那种脱离实际、脱离群众的思想作风，另一方面，根据苏联社会主义建设的经验教训，强调坚持民主集中制和集体领导制度，反对个人崇拜，反对突出个人，反对对个人歌功颂德。报告指出群众路线是我们党的组织工作中的根本问题，是党的建设中的根本问题，是需要在党内反复进行教育的。党的八大通过的新党章规定，党的全国代表大会实行常任制，每届任期五年。

中共八大科学地总结了中国革命和建设的基本经验，正确分析了中国社会主要矛盾的变化。在由一个战略阶段转变到另一个战略阶段的关键时刻，适时地提出了把全党的主要任务从革命转到建设上来的战略决策，制定了党在政治上、思想上、组织上和经济建设上的一系列正确的方针、政策。这是探索中国社会主义建设道路的第一个里程碑。但是，由于中国共产党对全面建设社会主义的思想准备不足，党的八大提出的路线和许多正确意见后来没有能够在实践中很好地坚持下去。

什么是“三个主体，三个补充”？

“三个主体，三个补充”是陈云在中共八大提出的，简单地说就是，以国家经营和集体经营、计划生产、国家市场为主体，而以个体经营、自由生产、自由市场三者作为补充。进一步来说就是：在工商业经营方面，国家经济和集体经济是工商业的主体，一定数量的个体经济是国家经济和集体经济的补充；在生产计划方面，计划生产是工农业生产的主体，按照市场变化在国家计划许可范围内的自由生产是计划生产的补充；在社会主义的统一市场里，国家市场是它的主体，一定范围内的国家领导的自由市场是国家市场的补充。陈云这个设想，不仅突破了苏联的高度集中统一的计划经济模式，而且涉及非公有制经济成分合法存在并充分发挥其作用的问题。

“三个主体，三个补充”是在理论上突破苏联计划经济模式，探索经济体制改革的重要尝试，在当时非常可贵。这个建议得到与会代表的重视，被中共八大决议所采纳。党的八大后，中央按照“三个主体，三个补充”的方针调整经济关系，取得初步进展。

《关于正确处理人民内部矛盾的问题》发表的国内外背景是什么？

《关于正确处理人民内部矛盾的问题》是毛泽东 1957 年 2 月 27 日在最高国务会议第十一次（扩大）会议上的讲话。后来毛泽东根据原始记录加以整理，作了若干补充，1957 年 6 月 19 日在《人民日报》发表。

当时在国际上，苏共二十大后，东欧一些社会主义国家对苏联的大国沙文主义表示不满，暴露出一些严重的矛盾和问题。其中最引人注目的是，上半年苏共二十大的召开，下半年波兰和匈牙利事件的发生。波匈事件的发生，有复杂的外部和内部的原因，其中没有正确处理好人民内部矛盾则是一个重要的原因，警示人们如果不能正确认识和处理社会主义社会的各种矛盾特别是人民内部矛盾，社会主义制度是难以巩固的，社会主义建设也是难以进行的。

国内，三大改造完成后，我国社会制度、经济结构和阶级关系都发生了深刻变化。但由于在三大改造中存在的某些过急过快的问题，经济建设未能完全克服冒进的影响，加上领导工作中的主观主义和官僚主义问题，以及国际上苏共二十大和波匈事件的影响，一些地方出现不稳定的情况。一些社会矛盾也表现得比较突出，有些地方甚至发生工人罢工、学生罢课的事件，还发生了部分农民要求退社、闹缺粮的情况。对这类事件怎么处理，党内许多干部缺乏足够的精神准备，也没有经验。一些干部习惯于按照革命时期的经验办事，用类似处理敌我矛盾的办法处理罢工、罢课事件，造成了矛盾激化。

如何吸取苏联和波匈事件的教训，积极面对和解决我国社会主义社会不断出现的新矛盾，怎样正确认识和处理社会主义的矛盾，也就成为全党和毛泽东反复思考的重大问题。

《关于正确处理人民内部矛盾的问题》的核心内容和重大意义是什么?

这篇文章的主要框架分为十二个小部分，分别是两类不同性质的矛盾，肃反问题，农业合作化问题，工商业者问题，知识分子问题，少数民族问题，统筹兼顾、适当安排，关于百花齐放、百家争鸣、长期共存、互相监督，关于少数人闹事问题，坏事能否变成好事，关于节约，中国工业化的道路。概括起来，文章的基本内容可以具体分为以下几个方面。

第一，全面地分析了社会主义社会的基本矛盾及其特点。毛泽东运用历史唯物主义的基本观点分析中国的社会主义社会，指出，社会主义社会仍然存在着矛盾，基本矛盾仍然是生产力和生产关系之间、经济基础和上层建筑之间的矛盾。不过社会主义社会的矛盾不是对抗性质的矛盾，它可以经过社会主义制度本身不断得到调整和解决。毛泽东关于社会主义社会基本矛盾的论断，第一次科学地揭示了社会主义社会发展的动力，实际上为后来的社会主义改革奠定了理论基础。

第二，关于两类不同矛盾的社会性质。毛泽东指出，在我们面前有两类社会矛盾，即敌我矛盾和人民内部矛盾。其中，大量地、普遍地存在着的是人民内部矛盾。两类矛盾的性质不同，处理的方法也不同。一般说来，敌我矛盾是对抗性的，必须用专政的、强制的方法解决；人民内部矛盾是非对抗性的，应该用民主的、说服教育的方法解决。

第三，关于正确处理人民内部矛盾的基本原则和方针政策。提出了处理政治思想、经济、党派、民族、科学文化等领域矛盾和问题的基本原则方针，提出了正确处理人民内部矛盾的各项具体方针。即：在政治上实行“团结——批评——团结”的方针；在共产党和民主党派关系上实行“长期共存、互相监督”的方针；在科学文化工作中实行“百花齐放，百家争鸣”的方针；在经济工作中实行对全国城乡各阶层统筹安排，兼顾国家利益、集体利益和个人利益的方针。

《关于正确处理人民内部矛盾的问题》是毛泽东在社会主义建设时期的一篇十分重要的理论著作，它在科学社会主义理论的发展史上，首次创立了关于社会主义社会矛盾的学说，为社会主义条件下改革和建设提供了哲学基础，在马克思主义发展史上具有开创性意义。《关于正确处理人民内部矛盾的问题》在我国生产资料私有制的社会主义改造已经基本完成的情况下，明确指出革命时期的大规模的急风暴雨式的群众阶级斗争基本结束，并把正确处理人民内部矛盾作为我国政治生活的主题提了出来，对于在新形势下认识和解决各种复杂的社会矛盾仍然具有重要的理论和实践意义。

如何认识 1957 年的整风反右?

1957 年 4 月 27 日，党中央发出了《关于整风运动的指示》，决定在全党进行一次以正确处理人民内部矛盾为主题，以反对官僚主义、宗派主义和主观主义为内容的整风运动。5 月 1 日，《人民日报》公布了党中央的整风指示。发动群众向党提出批评建议，是发扬社会主义民主的正常步骤。党内外广大干部和群众积极响应号召，对党和政府的工作以及党政干部的思想作风提出了有益的批评和建议。各方面提出的意见绝大部分是正确的、有益的，有利于改进党的工作。但在整风运动过程中，也有极少数人言辞尖锐，提出一些错误的观点和意见，明显表现出否定党的领导、反对社会主义制度的倾向。

由于对阶级斗争的形势作了过于严重的估计，把历史转变时期新出现的大量人民内部矛盾当作敌我矛盾，把大量思想认识问题当作政治问题，把一般的批评意见与反党反社会主义等同起来，把本来正确的意见当成右派言论，将大量提意见的人员划定为右派分子，作出组织上的结论和处理，导致反右派斗争被严重地扩大化了。反右派斗争结束时，全国共有 55 万多人被划为右派分子。其中，只有极少数是反党、反社会主义的。

1981 年 6 月，中共十一届六中全会决议对这一事件作了科学的分析。决议一方面指出，在整风过程中，确有极少数右派分子向党和新生的社会主义制度发起进攻，妄图取代共产党的领导，“对这种进攻进行坚决的反击是完全正确和必要的”。同时又指出：“但是反右派斗争被严重地扩大化了，把一批知识分子、爱国人士和党内干部错划为‘右派分子’，造成了不幸的后果。”这个决议是来之不易的。它是 1957 年反右派斗争严重扩大化 24 年之后，经过党的十一届三中全会拨乱反正得出的正确结论，是符合实际的历史总结。1978 年 9 月，中共中央批转中央组织部、中央宣传部、中央统战部、公安部、民政部的报告，其中提出凡是不应划为右派而被错划的，应该予以纠正，据此，全国对 55 万被划为右派分子的人基本作了改正。

第一个五年计划取得的主要成就和存在的主要问题是什么?

“一五”主要成就：我国对个体农业、手工业和私营工商业的社会主义改造的任务基本完成。计划所规定的各项建设任务，主要依靠我国人民的力量，加上当时苏联等国家的大力援助，到 1957 年底胜利完成，使我国建立起社会主义工业化的初步基础。

存在的主要问题：一是农业生产跟不上工业生产的步伐，某种程度上忽视了农业的发展，整个“一五”计划时期，农业的增长落后于工业的增长，粮棉紧张的局势一直未能根本缓解；二是 1956 年出现全局性的冒进；三是社会主义改造过急过快，为以后相当长时间留下后遗症。

什么是社会主义建设总路线？

1958 年 5 月中共八大二次会议，根据毛泽东的创议，通过了社会主义建设总路线："鼓足干劲，力争上游，多快好省地建设社会主义。"刘少奇代表中央所作的《中央委员会的工作报告》中，提出了这条路线的基本点："调动一切积极因素，正确处理人民内部矛盾；巩固和发展社会主义的全民所有制和集体所有制，巩固无产阶级专政和无产阶级的国际团结；在继续完成经济战线、政治战线和思想战线上的社会主义革命的同时，逐步实现技术革命和文化革命；在重工业优先发展的条件下，工业和农业同时并举；在集中领导，全面规划，分工协作的条件下，中央工业和地方工业同时并举，大型企业和中小型企业同时并举。通过这些，尽快地把我国建设成为一个具有现代工业、现代农业和现代科学文化的伟大的社会主义国家。"

总路线的制定，反映了党和广大人民群众迫切要尽快改变我国经济文化落后状况的普遍愿望，体现了党中央、毛泽东关于社会主义建设的思路。但是，由于这条总路线是在批判反冒进的过程中形成的，是在急躁冒进、急于求成的思想指导下制定的，它忽视了经济发展的客观规律，否定了国民经济计划的综合平衡，夸大了主观意志和主观努力的作用。尤其是在后来的宣传工作中，片面强调总路线的基本精神是"用最高的速度来发展我国的社会生产力"，"速度是总路线的灵魂"，"快，这是多快好省的中心环节"，等等，使"左"的指导思想蔓延，盲目求快压倒了一切，给社会主义建设造成了不应有的严重损失。

什么是"三面红旗"？

1958 年中央提出的社会主义建设总路线、"大跃进"和人民公社，当时被称为"三面红旗"。在 1960 年 5 月以前曾被称作"三个法宝"，5 月以后被称为"三面红旗"。它们的提出和推行，表明了党力图在探索中国社会主义道路中打开一个崭新的局面。但事实上这个努力是不成功的，不但给我国经济建设和人民生活带来了严重困难，而且还损害了党的建设。

为什么说“大跃进”是党在探索社会主义建设道路过程中的一次严重挫折？

“大跃进”运动是在批评反冒进和酝酿、制定社会主义建设总路线的过程中发动起来的。1958年党的八大二次会议召开时，全面“大跃进”的号角吹响了。这次会议通过了社会主义建设总路线，通过了15年赶超英国的目标，通过了提前5年完成全国农业发展纲要的目标，通过了“苦干三年，基本改变面貌”等。

“大跃进”运动的主要标志是片面追求工农业生产和建设的高速度，不断地大幅提高计划指标和缩短完成时间，计划指标层层加码。在“大跃进”中，高指标、瞎指挥、虚报风、浮夸风、“共产风”盛行，各地纷纷提出工业大跃进和农业大跃进的不切实际的目标。在农业上，提出“以粮为纲”，不断宣传“高产卫星”“人有多大胆，地有多大产”，粮食亩产量层层拔高；在工业上，错误地确定了全年钢产量1070万吨的指标，全国几千万人掀起了“全民大炼钢铁运动”，并且“以钢为纲”，带动了其他行业的“大跃进”；在建设上追求大规模，提出了名目繁多的全党全民“大办”“特办”的口号，例如，全党全民大炼钢铁，大办铁路，大办万头猪场，大办万鸡山。在这样的目标和口号下，基本建设投资急剧膨胀，三年间，基建投资总额高达1006亿元，比“一五”计划时期基本建设总投资几乎高出一倍。积累率突然猛增，三年间平均每年积累率高达39.1%。由于硬要完成那些不切实际的高指标，必然导致瞎指挥盛行，浮夸风泛滥，广大群众生活遇到了严重的困难。从1958年“大跃进”开始的三年，“左”倾冒进导致了国民经济比例的大失调，并造成严重的经济困难。

“大跃进”运动是党在探索建设社会主义道路过程中的一次严重挫折。毛泽东开展“大跃进”的初衷，是希望用最快的速度改变贫穷落后的面貌，使中国迅速强大起来。全国人民意气风发，艰苦奋斗，为民族振兴和社会主义事业发展作贡献，这种精神是可贵的，所付出的辛勤劳动也取得了一定成果。工业建设、科学研究和国防尖端技术的研制，以及农田水利建设和农业机械化、现代化的许多工作，都是在这一时期开始布局和发展的。但是，由于对在经济文化落后的大国建设社会主义的长期性、艰巨性估计不足，对掌握经济规律和科学知识的必要性认识不足，搬用战争年代大搞群众运动的方法指导经济建设，加上党内领导层的民主生活不正常，未经调查研究和科学论证，凭主观愿望和意志办事，提出了许多违背科学的高指标，结果事与愿违，给国家和人民带来了灾难性的损失，教训非常深刻。“大跃进”打乱了国民经济秩序，浪费了大量的人力物力，造成了工农业比例严重失调。

1958 年北戴河会议的主要内容是什么？

1958 年 8 月，中共中央在北戴河召开了政治局扩大会议（简称“北戴河会议”）。

会议讨论了 1959 年的国民经济计划、第二个五年计划、当前的工业生产、农业生产和农村工作问题、商业工作问题、教育方针问题以及加强民兵工作等问题。制定和通过了《中共中央关于 1959 年计划和第二个五年计划问题的决定》《1959 年度国民经济计划主要指标》《关于第二个五年计划的意见》《中共中央关于改进计划管理制度的规定》《中共中央关于 1959 年农业生产安排的决议》《中共中央关于今冬明春在农村中普遍展开社会主义和共产主义教育运动的指示》《中共中央、国务院关于教育工作的指示》《中共中央、国务院关于各级干部参加体力劳动的决定》《中共中央关于民兵问题的决定》和《中共中央关于继续展开除四害运动的决定》等 40 个文件，并公开发表了《中共中央政治局扩大会议号召全党全民为生产 1070 万吨钢而奋斗》的会议公报和《中共中央关于在农村建立人民公社问题的决议》。会议对实际工作中已经出现且为害严重的浮夸风和混乱现象，不仅没有作任何努力来加以纠正，反而正式予以支持。

会议通过的文件表明，党在经济建设方面急于求成、在生产关系方面急于过渡的“左”倾错误指导思想，已经发展到了极为严重的程度。北戴河会议作出决议后，一个以钢为纲的“大跃进”和人民公社化运动的高潮在全国范围内迅速地掀起。从此，以高指标、瞎指挥、浮夸风和“共产风”为主要标志的“左”倾错误严重地泛滥开来。

什么是人民公社？人民公社的教训是什么？

农村人民公社化运动是在“大跃进”中发展起来的。1958 年 8 月，中共中央政治局北戴河会议通过了根据毛泽东的建议起草了《关于在农村建立人民公社问题的决议》。决定在全国农村普遍建立以政社合一、工农商学兵合一为主要特点的社会基层组织和基层政权。北戴河会议后，全国农村出现人民公社化运动热潮，到 9 月底，全国基本实现人民公社化，全国农户的 99% 以上参加了公社。

人民公社的特点是“一大二公”。人民公社的规模比农业生产合作社大，全国平均 28.5 个合作社合并成为一个公社，平均 3 个多乡合为一个公社，有的则是一个县一个公社人民。公社实行政社合一的体制，它既是一个经济组织，也是一级政权机构。在人民公社内部，从生产资料所有、分配制度、交换关系乃至社员的生活资料都强调一个“公”字，不顾生产力水平低下的状况，在公社范围内实行平均分配、无偿调拨、义务劳动，以及把生产队以至社员的生产资料和生活资料无偿地收归公社所有，一度盛行吃白饭，实行工资制和供给制的分配制度。人民公社大力推行“组织军事化、行动战斗化、生活集体化”，将所有劳动者按军事编制组成。这些情况表明，初期的人民公社带有浓厚的平均主义和军事共产主义色彩。人民公社化运动不仅造成了对农民的剥夺，而且使农村生产力受到灾难性的破坏，1958 年冬天，出现了粮、油、副食品供应的紧张状况。此后，毛泽东和党中央逐渐发现人民公社的问题，在坚持公社体制的前提下，逐步调整人民公社的规模和管理体制，实行了“三级所有，队为基础”的基本模式。1982 年修改制定的《中华人民共和国宪法》改变了农村人民公社政社合一的体制，设立乡级政府。1983 年 10 月，中共中央、国务院发出《关于实行政社分开、建立乡政府的通知》，要求 1984 年底以前大体上完成建立政府的工作，1993 年修改宪法时，取消了“人民公社”的字眼。

人民公社的最大失误是片面追求提高公有化程度，完全违反等价交换、按劳分配原则。其结果是损害了群众的利益，挫伤了社员的积极性，妨碍和破坏了生产力的发展，对我国社会主义事业的发展造成了极其严重的消极影响。从根本上说，这种纯而又纯的社会主义模式，不仅企图超越社会主义初级阶段，而且企图超越整个社会主义阶段。因此，这种模式是带有空想色彩的社会主义模式，它的实施对中国社会主义建设事业造成了极大的破坏。

1959 年庐山会议的后果是什么？

1959 年召开的庐山会议包括两次重要会议：7 月 2 日至 8 月 1 日党中央在江西省庐山召开的政治局扩大会议和 8 月 2 日至 16 日举行的党的八届八中全会。这次会议的原定议题是总结经验教训，调整指标，继续纠正“左”倾错误。毛泽东在会上讲了话，提出 19 个问题要求大家进行讨论。

庐山会议原本是为了纠“左”，但会后却在全国展开了“反右倾运动”（反对以彭德怀为首的“右倾机会主义”错误），上万名党员受到了批判。全会通过了《关于以彭德怀同志为首的反党集团的错误的决议》《关于撤销黄克诚同志中央书记处书记的决定》《为保卫党的总路线、反对右倾机会主义而斗争的决议》《关于开展增产节约运动的决议》和《中国共产党第八届中央委员会第八次全体会议公报》；全会决定撤销彭德怀、黄克诚、张闻天和周小舟 4 人分别担任的国防部长、总参谋长、中央书记处书记、外交部第一副部长和湖南省委第一书记职务。

庐山会议后期错误地发动对彭德怀等人的批判，进而在全党错误地开展“反右倾”斗争。“反右倾”斗争造成了十分严重的后果，政治上它使阶级斗争扩大化的错误在理论和实践上进一步升级，在组织上从中央政治局、中央委员会到基层的民主生活遭到严重损害，经济上打断了纠“左”的积极进程，使以高标准、瞎指挥、浮夸风、共产风为主要标志的“左”倾错误又重新泛滥起来。这是新中国成立后中国共产党在经济工作中和党内政治生活中出现的一次带有全局性的重大失误，给中国社会主义建设事业造成了严重的恶果。

1961 年国民经济的“八字方针”是什么？

由于“大跃进”和“共产风”，导致了国民经济比例失调严重，农业和农村首当其冲。为此，党中央发出了由周恩来主持起草并由毛泽东改定的《关于农村人民公社当前政策问题的紧急指示信》，要求全党用最大努力来坚决纠正“共产风”。1961 年 1 月中共中央在北京召开了八届九中全会，会议正式通过了国民经济的八字方针：“调整、巩固、充实、提高”，即“调整各个部门之间已经变化了的相互关系，巩固生产力和生产关系在发展和变革中获得的硕大成果，充实新发展起来的一些事业的内容，提高那些需要进一步改善的新事物的质量”。即适当调整国民经济各方面的比例关系，主要是调整农、轻、重之间的比例关系，尽可能提高农业和轻工业的发展速度，适当控制重工业，特别是钢铁工业的发展速度，同时缩小基本建设的规模，使国家建设和人民生活得到统筹兼顾，全面安排。要巩固国民经济发展中的成果，使其向纵深发展。要以少量的投资充实一些部门的生产能力，使其配套成龙，发挥更大的经济效果。要提高产品质量，增加产品品种，提高管理水平和劳动生产率。

这是一个关系全局的战略转变，此后，我国国民经济建设由“大跃进”进入调整时期。

什么是“农业六十条”？

“农业六十条”是指 1961 年 3 月 22 日，中央工作会议通过的《农村人民公社工作条例（草案）》。此文件共 10 章 60 条，故简称“农业六十条”。它是当年大兴调查研究之风后结出的第一个硕果，它的贯彻执行部分地克服了人民公社体制内生产队之间和社员之间的平均主义，并最终确定农村人民公社以生产队为基础的三级集体所有制，是在长时期至少 30 年内实行的根本制度。“农业六十条”在仍然保持人民公社总体框架的前提下，纠正了公社化以来一直突出存在的若干错误，解决了一批当时群众意见最大的紧迫问题，在调动农民积极性，恢复和发展农业生产方面，以及在遏制“共产风”再起方面，发挥了重要作用。

什么是“两参一改三结合”制度？

“两参一改三结合”是毛泽东 1960 年 3 月在转发中共鞍山市委《关于工业战线上的技术革新和技术革命运动开展情况的报告》的批示中提出的我国企业管理的一项重要制度，“两参”即干部参加生产劳动，工人参加企业管理；“一改”即改革企业中不合理的规章制度；“三结合”即在技术改革中实行企业领导干部、技术人员、工人三结合的原则。

1960 年 3 月，毛泽东在中共中央批转《鞍山市委关于工业战线上的技术革新和技术革命运动开展情况的报告》的批示中，以苏联经济为鉴戒，对我国的社会主义企业的管理工作作了科学的总结。1961 年制定的《工业六十条》正式地肯定了这个制度，并且把企业的职工代表大会作为实行这种制度的一种具体形式。这个制度就其体现工人是社会主义企业的主人这一基本性质来说，提供了宝贵的经验。“两参一改三结合”是中国社会主义企业管理制度改革的重大创举，对加强和改善企业管理，提高企业效益和效能起到了巨大的作用。

什么是“工业七十条”？

为了整顿企业秩序，在邓小平的主持下，由李富春、薄一波具体负责制定，在 1961 年 9 月中央颁布了《国营工业企业工作条例（草案)》，该条例共 10 章 70 条，故简称“工业七十条”。这个草案是在充分调查研究的基础上制定的，11 个调查组受中央委托深入工矿企业调查。“工业七十条”系统地总结了新中国成立以来特别是“大跃进”以来工业管理工作的经验教训，提出了我国国营企业管理工作的一些指导原则，并作出许多具体规定。这个条例确定国家对企业实行“五定”，企业对国家实行“五保”。条例规定国营工业企业实行党委领导下的厂长负责制，还规定企业实行职工代表大会制度，建立各级、各方面和各个环节的严格的责任制度，实行全面的经济核算，讲求经济效果。

“工业七十条”系统地总结了新中国成立以来特别是“大跃进”以来工业管理各种的经验教训，提出了国营企业管理的若干指导原则，受到广大干部和职工的欢迎。由于这个条例的实行，国营企业一系列必要的规章制度恢复和建立起来，对于恢复和建立企业正常的生产秩序，对于工业的调整、巩固、充实、提高，发挥了积极作用。

1962 年“七千人大会”的内容和意义是什么?

1962 年 1 月 11 日至 2 月 7 日，党中央在北京召开扩大的中央工作会议。这是我们党在执政后召开的一次空前规模的总结经验大会。出席会议的有中央和省、地、县委四级主要负责人以及重要厂矿企业和军队的负责干部，共 7118 人，通常称为“七千人大会”。

这次空前规模的大会，是在经过一年调整形势有了转变，但是困难还很大，党内外还有很多思想疑虑的情况下召开的。会议的主要目的是：总结经验，统一认识，加强党的民主集中制，切实贯彻调整国民经济的方针。刘少奇代表中共中央在会上作书面报告和讲话，初步总结了 1958 年以来社会主义建设的基本经验教训，分析了几年来工作中的主要缺点错误。毛泽东在会上作了讲话，着重指出必须健全党的民主集中制，必须在总结正反两个方面的经验的基础上，加深对社会主义建设规律的认识。

这次大会是我们党在执政后召开的一次空前规模的干部大会，在当时历史条件下取得了积极成果。虽然会议仍肯定“三面红旗”，没能从根本指导思想上清理“大跃进”和“反右倾”的错误，但对待缺点错误的比较实事求是的态度，发扬了党内民主，开展了批评和自我批评，强调要恢复实事求是、群众路线的优良作风，给全党以鼓舞，增强了党的凝聚力，在动员全党团结奋斗战胜困难方面，在坚决贯彻执行“八字方针”促进国民经济恢复和发展上起了积极的作用。

什么是“四清运动”？

从 1963 年至 1966 年春，在农村和部分城市基层单位开展了社会主义教育运动（即四清运动）。运动的内容，一开始在农村中是“清工分，清账目，清仓库和清财物”，城市社教又称为“新五反”，即反贪污、反投机倒把、反铺张浪费、反分散主义、反官僚主义。后期在城乡中表现为“清思想，清政治，清组织和清经济”。1965 年以后，中共中央发布《农村社会主义教育运动中目前提出的一些问题》规定，城乡社会主义教育运动一律称为“四清”运动，即清政治、清经济、清思想、清组织（又称“大四清”）。

历时三年多的“四清运动”，虽然对于解决基层干部作风和经济管理等方面的问题起了一定作用，但由于指导思想上“以阶级斗争为纲”，把许多不同性质的问题都当成阶级斗争或者是阶级斗争在党内的反映，混淆了两类矛盾，使不少基层干部受到不应有的打击，使“左”倾错误有了进一步发展。

中国第一颗原子弹爆炸的意义是什么？

1964 年 10 月 16 日下午 3 时，在我国西部地区新疆罗布泊上空，中国第一次原子核裂变的巨大火球和蘑菇云升上了戈壁荒漠，第一颗原子弹爆炸成功了。中国继美国、苏联、英国、法国之后，成为世界上第五个拥有核武器的国家。

中国第一颗原子弹爆炸成功，不仅打破了核大国的核垄断和核讹诈，重塑了世界大国地位，使得敌对国家纷纷调整对中国的外交、经济政策，而且这次核试验的成功，是中国国防建设和科学技术方面取得的一项重大成就，它标志着中国国防现代化建设进入了一个新的阶段。同时，稳定了民心，提高了中华民族的凝聚力，增强了中国人民建设社会主义的信心。通过核威慑保障国家安全，提高国际地位，增强国际话语权，为经济建设创造了一个相对安定的环境。

“两弹一星”指的是什么？什么是“两弹一星”精神？

“两弹一星”，是对核弹、导弹和人造卫星的简称。作为中华人民共和国最初几十年科技实力发展的标志性事件，“两弹一星”也时常被用来泛指新中国在科技、军事等领域独立自主、团结协作、创业发展的成果。1960 年 11 月 5 日，中国仿制的第一枚导弹发射成功，1964 年 10 月 16 日 15 时中国第一颗原子弹爆炸成功，使中国成为第五个有原子弹的国家；1967 年 6 月 17 日上午 8 时中国第一颗氢弹空爆试验成功；1970 年 4 月 24 日 21 时中国第一颗人造卫星发射成功，使中国成为第五个发射人造卫星的国家。从此之后，中国的国防科技工业不断发展壮大，先后掌握了中子弹设计技术和核武器小型化技术，研制和发射了各种型号的战略战术导弹和运载火箭，潜艇水下发射成功，发射多颗返回式卫星、地球同步轨道及太阳同步轨道卫星。

以“两弹一星”为核心的国防尖端科技的辉煌成就，不仅是我国国防现代化的伟大成就，也是我国现代科学技术事业发展的重要标志，不仅为我们建立战略导弹部队提供了装备技术保障，增强了我军在高技术条件下的防御能力和作战能力，而且带动了中国高技术及其产业的发展，促进了经济建设和科技进步。“两弹一星”事业所取得的巨大成就，是中国人民挺直腰杆站起来的重要标志，极大地鼓舞了全党全军全国人民的斗志，增强了民族凝聚力，激发了振兴中华的爱国热情。正如邓小平同志曾经指出的那样：“如果六十年代以来中国没有原子弹、氢弹，没有发射卫星，中国就不能叫有重要影响的大国，就没有这样的国际地位。这些东西反映一个民族的能力，也是一个民族、一个国家兴旺发达的标志。”

1999 年 9 月 18 日，在新中国成立 50 周年之际，党中央、国务院和中央军委授予为“两弹一星”的研制工作作出突出贡献的 23 位科技专家“两弹一星”功勋奖章。江泽民同志在表彰为研制“两弹一星”作出突出贡献的科技专家大会上指出：伟大的事业，产生伟大的精神。在为“两弹一星”事业进行奋斗中，广大研制工作者培育和发扬了一种崇高的精神，它就是“热爱祖国、无私奉献，自力更生、艰苦奋斗，大力协同、勇于攀登”的“两弹一星”民族精神。习近平同志2011年1月26日在看望航天科技专家孙家栋院士时指出：“‘两弹一星’精神激励和鼓舞了几代人，是中华民族的宝贵精神财富。”“两弹一星”精神，是爱国主义、集体主义、社会主义精神和科学精神的活生生体现，是中国人民在20世纪为中华民族创造的新的宝贵精神财富。

如何评价三线建设？

三线建设，指的是自我国在20世纪60年代初期，在国际形势出现新的动荡和我国周边形势日趋紧张的情况下，将我国划分为一、二、三线。一线地区指东北及沿海地区，二线地区指一线地区与京广铁路之间的安徽、江西及河北、河南、湖北、湖南四省的东半部；三线地区指长城以南、广东韶关以北、京广铁路以西、甘肃乌鞘岭以东的广大地区，包括云、贵、川、陕、甘、宁、青、晋、豫、鄂、湘11个省区。其中西南的川、贵、云和西北的陕、甘、宁、青俗称为“大三线”，一、二线地区的腹地俗称为“小三线”。当时的判断是，战争会早打、大打，因此要抢时间、争速度，赶在战争爆发前尽快建设“三线”战略大后方。按照中央的《一九六五年计划纲要（草案）》，三线建设的总目标是：采取多快好省的方法，在纵深地区建立起一个工农业结合的、为国防和农业服务的比较完整的战略后方基地。

当时，各级“三线”建设指挥部都把抢时间、争速度放到了突出地位。结果一些建设项目未经周密勘探就盲目定点；当时还采取“三边”原则，即边勘探、边设计、边施工，没有搞好总体设计就全面施工；片面追求速度，忽视施工质量；辅助和配套设施没有建成就凑合投产。不仅造成了许多返工浪费，而且把一些工厂建在断裂层、滑坡带、山洪口或缺水区，遗留一些以后不好解决的工程建设问题。许多建设项目长期形不成生产力，给国民经济背上了一副十分沉重的包袱。

由于对战争作了立足于准备应对“早打”“大打”的估计，三线建设在时间上要求过急，铺开的摊子过大，注重战备要求，忽视经济效益，增加了建设费用，造成了不少浪费。但是，从总体上看，三线建设的实施，是推进我国现代化进程的重要步骤，对于提高国家的国防能力，对于改善我国国民经济布局、推进中西部落后地区的经济发展具有重要意义。

“四个现代化”目标是何时提出的？其意义是什么？

现代化是一个世界范畴，也是一个历史概念。早在党的七大上，毛泽东在《论联合政府》报告中就提出“为着中国的工业化和农业近代化而斗争”，新中国成立后，中国共产党逐步明确提出了现代化的目标和任务。1964 年 12 月第三届全国人民代表大会第一次会议上根据毛泽东提议，周恩来代表党中央、国务院，在《政府工作报告》中宣布：“在不太长的历史时期内，把我国建设成为一个具有现代农业、现代工业、现代国防和现代科学技术的社会主义强国，赶上和超过世界先进水平。”为了实现这个伟大的历史任务，从第三个五年计划开始，我国的国民经济发展，可以按两步来考虑：第一步，建立一个独立的比较完整的工业体系和国民经济体系；第二步，全面实现农业、工业、国防和科学技术的现代化，使我国经济走在世界的前列。

在中国这样落后的农业大国，在工业化战略的基础上，进一步确立社会主义现代化的战略目标和分两步走的战略构想，使社会主义的建设目标以“四个现代化”的形式清晰地展现在全国人民面前，这是党在领导社会主义建设进程中作出的重大决策。“四个现代化”从此成为中国共产党和全国各族人民的共同奋斗目标，成为凝聚和团结全国各族人民不懈奋斗的强大精神力量。当然，随着我国社会经济发展，特别是改革开放和中国特色社会主义建设的推进，现代化的基本目标和内涵以及实现的时间，也是不断调整的，现代化的基本目标：十三大是“富强、民主、文明”，十七大增加了“和谐”，十九大增加了“美丽”，也就是把我国建设成为“富强民主文明和谐美丽的社会主义现代化强国”。

炮击金门的背景和目的是什么?

1950 年，朝鲜战争爆发，美国武力介入台湾海峡。1954 年 12 月，美台订立《共同防御条约》，使原本属于中国内政的问题复杂化。1955 年 3 月，美国和蒋介石签订的所谓《共同防御条约》生效，美国加强对台湾地区的军事援助，加紧制造“两个中国”。在美国的支持下，蒋介石集团发出“反攻大陆”的叫嚣，不断对我国沿海进行骚扰破坏，台湾海峡局势再度紧张起来。1957 年底，中美大使级会谈由于美国方面原因而中断，美国政府多次声称将继续对华政策“三不原则”，即不承认中华人民共和国，反对新中国进入联合国，继续对新中国实行封锁和贸易禁运。1958 年 7 月 15 日，美国海军陆战队在黎巴嫩首都贝鲁特附近登陆，武装干涉黎巴嫩和伊拉克内政，中东燃起战火。在这一背景下，党中央、毛泽东决定抓住时机，以炮击金门的方式把台湾问题提出来，以牵动全球战略格局，震慑美蒋顽固势力。

炮击金门沉重打击了蒋介石集团“反攻大陆”的嚣张气焰和美国搞“两个中国”的企图，有力表明了中国人民反对美国干涉中国内政、维护国家统一的立场和决心。这次炮击也使得美国同蒋介石之间的矛盾比较充分地暴露出来。同时，打乱了美国的战略部署，并且继朝鲜战争后再一次显示了新中国在国际政治中不可忽视的国际地位。

什么是“四纲一目”?

在对金门大规模炮击停止之后，毛泽东请人带话，表示只要蒋氏父子能抵制美国的控制，我们就可以同他合作，台、澎、金、马要整个回来，可以按照原有方式生活，军队可以保存，继续搞三民主义。1963 年 1 月，周恩来总理将毛泽东提出的这些原则概括为“一纲四目”，一纲：台湾必须统一于中国，只要台湾回归祖国，其他一切问题都可以尊重台湾当局意见妥善处理。四目：一、除外交统一于中央外，其他台湾人事安排、军政大权，由台湾当局管理；二、如果台湾经济建设资金不足，中央政府可以拨款予以补助；三、台湾社会改革从缓，待条件成熟，亦尊重台湾当局意见和台湾各界人民代表进行协商；四、国共双方保证不破坏对方团结之事，以利两党重新合作。

“一纲四目”的提出，体现了中国共产党以中华民族根本利益为重的胸怀和面对实际、从现实出发的精神，对两岸关系产生了深远的影响。

什么是中苏论战？它对国际共产主义运动的影响是什么？

中苏论战从 1956 年 2 月苏共二十大开始，到 1965 年前后，双方围绕国际共产主义运动总路线等重大问题进行公开论战。这场论战针锋相对、旷日持久。

中苏论战始于两党意识形态的分歧。论战大致分为四个阶段：

第一阶段，从 1956 年苏共二十大到 1959 年底。这个阶段的特点是，两党保持团结，在内部进行争论，但总的趋势争论越来越激烈。第二阶段，从 1960 年到 1963 年初。其特点是由内部争论发展到公开的不点名的批判。第三阶段，从 1963 年 3 月到 1964 年 10 月赫鲁晓夫下台，中苏两党公开论战。这期间，中共中央以《人民日报》和《红旗》杂志编辑部名义，相继发表了总称为《关于国际共产主义运动的总路线的论战》的九篇评论苏共中央公开信的文章（通常简称“九评”），全面批评苏共的内外政策，中苏论战达到了高潮。第四阶段从 1964 年 10 月到 1965 年底。1964 年 10 月，中共以苏联更换新的领导人勃列日涅夫为契机访问莫斯科，但期间又发生了严重的挑衅事件，使改善两党两国关系的可能性已不复存在。苏共二十三大，中国共产党决定不派代表出席，中苏两党关系基本中断。

中苏论战对国际共产主义运动产生了重大而深远的影响，并导致社会主义阵营和许多国家共产党的分裂。这场论战严重影响到中国共产党对国际形势的判断和对社会主义的认识，进而又影响到对国内形势的判断。对此，邓小平总结说，经过 20 多年的实践，回过头来看，双方都讲了许多空话。我们过去也并不都是对的，对别国党发表过一些不正确的意见。1983 年 11 月 6 日邓小平在会见澳大利亚共产党（马列）主席希尔和夫人，谈到“九评”时，邓小平深刻地指出我们党在大论战中的“真正错误”在于“根据中国自己的经验和实践来论断和评价国际共运的是非，因此有些东西不符合唯物主义和辩证法的原则”。这是真正的历史唯物主义的态度。

1956—1966 年十年社会主义建设的主要成就有哪些?

在这十年，我国的社会主义建设取得了巨大的成就，使中国的面貌发生了巨大的变化，主要表现在：

其一，工业建设方面，工业生产能力大幅度提高。1965 年同 1957 年相比，全民所有制企业固定资产按原值计算增长了 1.76 倍。石油工业的发展尤其突出，到 1965 年已经实现原油的全部自给。

其二，铁路、公路、水运、航空、邮电等事业都有较大发展。从 1958—1965 年，全国新增铁路运营里程 9698 公里，全国除西藏外，各省、市、自治区都有了铁路，福建、宁夏、青海、新疆等第一次通了火车。全国大部分县、镇通了汽车，远洋航运开辟了通往东南亚、欧洲和非洲的 3 条航线。

其三，农业基本建设和技术改造大规模展开，并逐步收到成效。大规模兴修水利，发展农田灌溉，为农业的恢复和发展作出了积极贡献。全国农用拖拉机产量和化肥施用量都增长 6 倍以上，农村用电量增长 70 倍。其他如植树造林、推广优良品种、控制水土流失、气象预报等方面空前发展。

其四，科学技术工作取得比较突出的成果，国防科学技术的进展最为显著。1964 年 10 月 16 日，成功地爆炸第一颗原子弹，有力地打破了超级大国的核垄断和核讹诈，提高了我国的国际地位。导弹和人造卫星的研制也取得突破性进展。基础科学的研究也有进展，1965 年，在世界上首次人工合成结晶牛胰岛素。这些成就集中代表了我国科学技术达到的新水平。

其五，教育、卫生、新闻出版、文化艺术、体育等各项事业的成就相当可观。高等院校毕业生近140万人，为前七年的4.9倍。全国城乡的卫生医疗网基本形成，严重危害人民健康的天花、霍乱、血吸虫病、疟疾、鼠疫、麻风病等或者被灭绝或者得到有效防治。

其六，党的民族工作取得重大进展，少数民族地区的经济、文化建设迈出了较大步伐，内蒙古、新疆、广西、青海等兴建了一些大型的现代工业基地，结束了少数民族地区没有现代工业的历史。党的民族区域自治制度在维护祖国统一、民族团结、推动少数民族地区社会变革方面取得重要成果。

其七，党的建设得到加强，党的队伍得到进一步发展。与1956年相比，1965年党员人数达到了1895万，增加了76.6%。党的思想建设和制度建设上取得了一定成绩，特别是党中央、毛泽东强调大力培养和提拔新生力量，造就革命事业接班人，对党和国家的长治久安具有重大意义。

其八，军队建设取得显著成绩。无论是政治思想建设，还是军事训练，还是国防工业建设，都取得了显著成绩，在捍卫国家领土主权和保卫国家安全作战中，胜利完成了一系列作战任务，扎实做好抵抗外来侵略的装备，履行了神圣使命。

1956—1966年十年社会主义建设的主要经验有哪些？

党在领导全面的大规模的社会主义建设过程中，经过十年探索形成了许多正确的认识，积累了一些可贵的经验。

在关于社会主义政治建设上，如提出了要调动一切积极因素、团结一切可以团结的力量共同建设社会主义，正确区分和处理两类不同性质矛盾，扩大人民代表大会的权力，注意科学地吸取西方资本主义国家在民主方面的某些形式和方法，共产党与民主党派关系上的“长期共存、互相监督”的方针等。

在社会主义经济建设上，提出把党和国家的工作重点转移到技术革命和社会主义建设上来，既反对保守又反对冒进，以农业为基础以工业为主导，按农轻重的次序发展国民经济计划，人民生活与经济建设兼顾，勤俭办一切事业，学习资本主义国家先进的科学技术和企业管理方法中科学的部分等。

在社会主义经济体制上，提出生产关系的变革不能超越历史发展阶段，社会主义社会必须大力发展商品市场和商品交换，按劳分配，尊重价值规律，“三个主题，三个补充”思想，正确处理中央和地方的关系，加强和改善企业管理，企业内部实行职工代表大会制度和“两参一改三结合”，农业方面试行生产责任制等。

在教育、科技、文化工作上，提出繁荣文艺、发展学术“百花齐放、百家争鸣”的方针，实行两种教育制度，肯定我国知识分子大多数已经是劳动人民的一部分，指出科学技术现代化在我国社会主义现代化建设中的关键性作用。

关于党的建设，着重提出执政党建设的问题，强调要坚持民主集中制和集体领导制度，反对个人崇拜，加强党内监督，发展党内民主，加强党和人民群众关系等。

十年社会主义建设中涌现出的主要先进典型和模范人物有哪些？

在十年社会主义建设中，党和人民坚持独立自主、自力更生、艰苦奋斗，涌现出无数的先进典型和英雄模范人物。

如以大庆石油工人王进喜为典型的“爱国、创业、求实、奉献”精神风貌，铸就了铁人精神，主要包括：“为国分忧、为民族争气”的爱国主义精神；“宁可少活20年，拼命也要拿下大油田”的忘我拼搏精神；“有条件要上，没有条件创造条件也要上”的艰苦奋斗精神；“干工作要经得起子孙万代检查”“为革命练一身硬功夫、真本事”的科学求实精神；“甘愿为党和人民当一辈子老黄牛”埋头苦干的奉献精神等。

如山西昔阳大寨大队党支部书记陈永贵等共产党员带领群众艰苦奋斗，充分调动群众的积极性，以加工改造耕地为中心，向“七沟八梁一面坡”的贫瘠土地宣战，决心改变落后的面貌，敢于战天斗地，艰苦奋斗，治山治水，连年战胜严重自然灾害，使生产获得大发展，把过去4700块分散土地弄成了900块梯田，成为旱涝保收的稳产高产田。粮食亩产由1952年的287斤，增加到1962年的772斤，1963年遇大水灾，仍保持在700斤以上。大寨人藐视困难，敢于革命的英雄气概；自力更生，奋发图强的坚强意志；以国为怀，顾全大局的高尚风格，成为全国农业学习的一面旗帜。

如河南兰考县委书记焦裕禄，1962年冬天，他来到当时内涝、风沙、盐碱“三害”肆虐的兰考担任县委书记，带领全县人民战天斗地，奋力改变兰考贫困面貌。他“心中装着全体人民、唯独没有他自己”的公仆情怀，凡事探求就里、“吃别人嚼过的馍没味道”的求实作风，“敢教日月换新天”“革命者要在困难面前逞英雄”的奋斗精神，艰苦朴素、廉洁奉公、“任何时候都不搞特殊化”的道德情操，展现了一个优秀县委书记的光辉形象，成为领导干部学习的楷模。

如被誉为“人工天河”的红旗渠，就是河南林州人民在极其艰难的条件下，在县委的领导下宁愿苦干、不愿苦熬，风餐露宿、日夜奋战，一锤一钎削平山头1250座，凿通隧道211个，架设渡槽152个，在太行山悬崖峭壁上修成了这全长1500公里的红旗渠，彻底告别了“水缺贵如油”“十年九旱”的历史，用热血和汗水铸就了精神丰碑。

如沈阳军区工程兵某部运输连班长雷锋，理想信念坚定，在平凡的工作岗位上做出了优异成绩，其“不怕苦、不怕累，干一行、爱一行、钻一行”的“螺丝钉精神”，表现出了伟大的共产主义精神。

以钱学森、李四光、钱三强、华罗庚、邓稼先、茅以升等为代表的一批著名科学家辛勤工作，为国家的科技事业和经济文化建设做出了重大贡献，成为知识分子的杰出代表。当时开始形成的“两弹一星”精神不仅促进了国防事业的发展，而且带动了科技事业的发展；培养了一批吃苦耐劳、勇于创新的科技队伍；极大地增强了中国人民的信心，推动了社会主义事业的发展。

“文化大革命”的导火索是什么？

“文化大革命”的导火索是姚文元《评新编历史剧〈海瑞罢官〉》

一文的发表。

1965年11月10日，在江青等人的筹划下，姚文元在上海《文汇报》上发表《评新编历史剧〈海瑞罢官〉》一文，将矛头对准了明史学家、北京市副市长吴晗在1960年发表的历史剧《海瑞罢官》。文章认为该剧借古讽今，通过描写“平冤狱”为被打倒的彭德怀翻案，而剧中的“退田”情节则是为“单干风”和“三自一包”做舆论准备，并认为全剧实质是阶级斗争在意识形态领域的反映。虽然文章批判的是吴晗，但实际上涉及的是中央领导层在许多重大政策问题上的不同意见，攻击的矛头并不限于吴晗。毛泽东说《海瑞罢官》的“要害问题是‘罢官’”。这使对《海瑞罢官》的批判带上更为严重的政治色彩。此后，批判涉及的范围迅速扩大。

什么是“五一六通知”？

1966年5月，中共中央政治局扩大会议通过了《中国共产党中央委员会通知》，简称“五一六通知”，是“文化大革命”正式发动的标志。

“五一六通知”对党内国内形势作出了完全错误的估计，提出了一整套“左”的理论、方针和政策。认为在学术界、教育界、文艺界、新闻界、出版界和报纸、广播、刊物、书籍、教科书、讲演、文艺作品、电影、戏剧、曲艺、美术、音乐、舞蹈等各个方面充塞着封建主义、资本主义、修正主义的东西。要求高举无产阶级“文化大革命”的大旗，彻底揭露那些反党反社会主义的所谓“学术权威”的资产阶级反动思想，对其代表人物要加以清洗，夺取在这些文化领域中的领导权。指出：“混进党里、政府里、军队里和各种文化界的资产阶级代表人物，是一批反革命的修正主义分子，一旦时机成熟，他们就会要夺取政权，由无产阶级专政变为资产阶级专政。这些人物，有些已被我们识破了，有些则还没有被识破，有些正在受到我们的信任，被培养为我们的接班人。例如赫鲁晓夫那样的人物，他们现正睡在我们的身旁，各级党委必须充分注意这一点。”“我们对他们的斗争也只能是一场你死我活的斗争，我们对他们的关系绝对不是什么平等关系，而是一个阶级压迫另一个阶级的关系，即无产阶级对资产阶级实行独裁或专政的关系。”要求要公开地、全面地、自下而上地发动广大群众“彻底揭露”，“彻底批判”，“清洗这些人”。《通知》从根本上混淆了敌我关系，把斗争矛头指向所谓的“走资派”“反革命修正主义分子”“反动学术权威”，实际上是把广大干部和知识分子作为斗争对象，并以此为根据，规定了错误的方针和方法。

“五一六通知”是发动“文化大革命”的纲领性文件。

什么是“文化大革命”的“十六条”？

即党的八届十一中全会根据毛泽东意见通过的《中国共产党中央委员会关于无产阶级文化大革命的决定》（简称“十六条”）。这是继“五一六通知”后，从全局指导“文化大革命”的又一个纲领性文件。

这个决定共分十六条，阐述了“文化大革命”的性质、目的、斗争对象，依靠力量及采取的方式等根本性问题作了有严重错误的规定。决定说：“当前开展的无产阶级文化大革命，是一场触及人们灵魂的大革命，是我国社会主义革命发展的一个更深入、更广阔的新阶段。”“在当前，我们的目的是斗垮走资本主义道路的当权派，批判资产阶级的反动学术‘权威’，批判资产阶级和一切剥削阶级的意识形态。”决定说，党的领导敢不敢放手发动群众，将决定这场“文化大革命”的命运。决定申明：“党中央对各级党委的要求，就是要坚持正确领导‘敢’字当头，放手发动群众，改变那种处于软弱的无能的状态。”决定强调：“无产阶级文化大革命，只能是群众自己解放自己，不能采取任何包办代替的办法。”“要充分运用大字报、大辩论这些形式，进行大鸣大放，以便群众阐明正确的观点，批判错误的意见，揭露一切牛鬼蛇神。”决定说，运动的重点是整党内那些走资本主义道路的当权派。必须严格区别各类不同性质的矛盾，正确处理人民内部矛盾。要用文斗，不用武斗。警惕有人把革命群众打成“反革命”。决定说：“文化革命小组、文化革命委员会和文化革命代表大会是群众在共产党领导下自己教育自己的最好的新组织形式。它是我们党同群众密切联系的最好的桥梁。它是无产阶级文化革命的权力机构。”决定还就教学改革、同社会主义教育运动相结合的部署问题，抓革命促生产等作了规定。

“十六条”同“五一六通知”一样，没有对“走资派”“左派”“右派”这些概念提出明确的判别标准，没有对如何实现党的领导作出具体规定。虽然它也提出要区别两类不同性质的社会矛盾等，但这些原则性规定在后来的运动中无法落实，也从未被遵守，照此办理的反被指责为“不准革命”，是“资产阶级反动路线”，而那些具有很大任意性的概念和助长过火斗争的内容，却在很大范围内激化了盲目的造反行动和严重的社会动乱。

八届十一中全会的召开和通过的“十六条”，标志着在党内完成了发动“文化大革命”的法定程序，标志着“文化大革命”的全面发动。

什么是“三支两军”？

“三支两军”是军队在“文化大革命”中，执行支左、支农、支工、军训、军管任务的简称，是人民解放军介入“文化大革命”的标志。1967 年 3 月 19 日中央军委发出《关于集中力量执行支左、支农、支工、军管、军训任务的决定》（简称“三支两军”决定）。《决定》要求：军委各总部、各军兵种机关要视情况抽调三分之一至三分之二的人员，立即投入支左、支农、支工、军管、军训的工作。

“支左”是指“文化大革命”前期，部队支持地方被称为左派的一些组织；“支农”“支工”是到地方贯彻中央“抓革命、促生产”的规定，支援农业和工业生产；“军管”是部队对一些要害部门、单位、系统等实行军事管制；“军训”则是派军队对大中专院校进行军训。

“三支两军”是在“文化大革命”使国家和人民陷入严重内乱的形势下开始的。“三支两军”缓和了紧张局面，维护了社会秩序、工作秩序、学习秩序和生活秩序，保护了一些干部，减少了工农业生产和人民生命财产的损失，对稳定局势起了积极作用，但也使军队深陷政治旋涡，严重地损害了军队自身的思想、作风、组织、纪律建设和军队的发展。

什么是“一月革命”风暴?

1967 年 1 月 1 日,《人民日报》《红旗》杂志发表了题为《把无产阶级文化大革命进行到底》的元旦社论,宣布“1967 年将是全国全面展开阶级斗争的一年”,号召“向党内一小撮走资本主义道路的当权派和社会上的牛鬼蛇神,展开总攻击”。1 月初,张春桥、姚文元、王洪文等人乘“天下大乱”之机,在上海进行篡权的阴谋活动,刮起了“一月革命”的风暴,使交通阻塞、生产瘫痪、财政经济混乱,上海造反派组织夺取了上海市的党政领导权。1 月 22 日,《人民日报》发表社论,认为“一月风暴”是“今年展开全国全面阶级斗争的一个伟大开端”,号召“从党内一小撮走资本主义道路当权派和坚持资产阶级反动路线的顽固分子手里,自下而上地夺权”。2 月 5 日,张、姚等经过策划,成立了所谓“上海人民公社”,23 日,改称为“革命委员会”。

上海夺权以后,对全国各地、各单位起了极其恶劣的影响。此后,全国掀起了夺权的高潮。愈演愈烈的夺权斗争,挑起了群众组织之间更为严重的对抗,斗争激化。“打倒一切,全面内战”的混乱局面进一步升级。

什么是“二月抗争”?

“二月抗争”,即当时被诬称为“二月逆流”的抵制“文化大革命”的一场斗争。是 1967 年 2 月前后,中共中央政治局和中央军委的一些领导同志谭震林、陈毅、叶剑英、李富春、李先念、徐向前、聂荣臻等,面对“左”倾错误和极左思潮造成的国家空前混乱和无政府主义状态,挺身而出,与康生、陈伯达、江青等中央文革小组的成员和“文化大革命”的错误做法作激烈斗争的事件。

1 月 19 日至 20 日,在京西宾馆召开的中央军委碰头扩大会议上,讨论军队搞不搞“四大”的问题。叶剑英、徐向前、聂荣臻坚持军队必须保持稳定,不能像地方一样开展“四大”,同江青、陈伯达、叶群等妄图搞乱军队的阴谋，进行了激烈的斗争。

2 月 14 日和 16 日，在周恩来主持的怀仁堂中央碰头会和稍前召开的军委会议上，再次爆发了老一辈革命家和中央文革小组一班人的激烈斗争，谭震林、陈毅、叶剑英、李富春、李先念、徐向前、聂荣臻等老同志，围绕着“文化大革命”要不要党的领导、应不应将老干部统统打倒、要不要稳定军队等重大原则问题，展开了针锋相对的斗争。这些老革命家的意见是完全正确的，发表意见的方式也是符合组织原则的。他们的正义行动充分地表现了敢于坚持真理和对党对人民高度负责的革命精神，反映了广大干部和群众的愿望。但在当时，这些老同志的抗争被诬为“二月逆流”，受到严厉批判。此后，中央政治局实际上停止了活动，中央文革小组借此又控制了中央和军委的很大一部分权力。

“二月抗争”代表了广大共产党员和人民群众的意愿，击中了“文化大革命”的要害，打击了江青等人的嚣张气焰。

什么是“五七”干校？

“五七”干校，是“文化大革命”时期，全国各地各部门根据毛泽东《五七指示》兴办的农场，是容纳大批机关、事业单位干部、高校教师、医疗卫生人员和文艺、体育工作者进行劳动的地方。1966 年 5 月 7 日，毛泽东看了总后勤部《关于进一步搞好部队农副业生产的报告》后，写了一封信，在这封后来被称为《五七指示》的信中，毛泽东要求全国各行业都要办成“一个大学校”，这个大学校“学政治、学军事、学文化，又能从事农副业生产，又能办一些中小工厂，生产自己需要的若干产品和国家等价交换的产品”，“这个大学校，又能从事群众工作，参加工厂、农村的社会主义教育运动……又要随时参加批判资产阶级的文化革命斗争”。1968 年 10 月 5 日，《人民日报》在《柳河“五七”干校为机关革命化提供了新的经验》一文编者按中，引述了毛泽东的有关指示：“广大干部下放劳动，这对干部是一种重新学习的极好机会。”此后，全国各地的党政机关都纷纷响应，在农村办起五七干校。中央、国务院所属各部委及豫、赣、鄂、辽、吉、黑等 18 个省共创办五七干校 106 所，下放的干部、家属达 10 余万人。1979 年 2 月 7 日，国务院发出《关于停办“五七”干校有关问题的通知》，各地的“五七”干校陆续停办。

广大干部、知识分子下放到农村，经受了从事体力劳动的锻炼，增加了对农村的了解，但长期被排除在各项业务工作和科学文化研究之外，使他们不能用非所学，对国家经济文化建设和个人事业也是一种损失。

什么是知识青年上山下乡运动?

知识青年上山下乡，是指城镇毕业或未毕业的中学生，自愿或被派遣到农村、边疆等艰苦地区，长期在当地生活，接受农民教育、改造自身世界观、参与农村和农业建设的行动和运动。广义的知识青年上山下乡始于 20 世纪 50 年代中期。50—60 年代，为了精简城市职工和人口，国家多次组织城市家庭“下放”农村。1966 年“文化大革命”开始后，由于大学不招生，工厂基本上不招工，商业和服务业处于停滞状态，所有的初中高中毕业生不能升学，也无法分配工作，到 1968 年，挤压在校的 1966、1967、1968 届初中、高中毕业生达 400 万人。如何安置他们成为严重的社会问题。

1968 年 12 月，毛泽东发出“知识青年到农村去，接受贫下中农的再教育，很有必要”的号召，在全国掀起大规模动员、安置知识青年上山下乡的运动，并持续多年。历届上山下乡知识青年总数多达 1650 余万人。这是在“文化大革命”的特殊历史条件下，由于国家无法解决历年新增长的社会劳动力的就业安置问题，而不得已采取的一项重大社会政策。1973 年 8 月 4 日中共中央国务院《关于全国知识青年上山下乡工作会议的报告》，对知识青年下乡、管理、返城等政策作出若干调整，国家开始允许知识青年以招工、考试、病退、顶职、独生子女、身边无人、工农兵学员等各种名义部分返城。1978 年 10 月 31 日—12 月 10 日，国务院召开全国知识青年上山下乡工作会议，调整政策，逐步缩小上山下乡范围，允许知识青年返城回家。1981 年 11 月国务院知青办并入国家劳动总局，历经 20 余年的城镇知识青年上山下乡正式结束。

广大知识青年到农村、到边疆去，了解社会，接触工农，在艰苦的环境中，经受了长时期的艰苦劳动锻炼和生活上的磨难，为开发祖国的不发达地区，为发展农村的生产、农田水利建设、教育文化、医疗卫生等事业作出了不可磨灭的贡献，一些人成长为各条战线上的领导骨干和业务骨干。

但是，大批知识青年正当其学知识、学文化的最好青春年华，却丧失了接受学校教育和继续升学深造的机会，造成了人才成长的断层，给国家经济建设和科学文化事业的长远发展带来极为不利的影响，也给许多家庭和个人带来无法承受的压力甚至灾难。

什么是“斗、批、改”运动?

“斗、批、改”是斗争、批判、改革的简称，最先是在“十六条”中提出的。党的九大之前，毛泽东曾经提出：“建立三结合的革命委员会，大批判，清理阶级队伍，整党，精简机构、改革不合理的规章制度、下放科室人员，工厂里的斗、批、改，大体经历这么几个阶段。”据此，党的九大向工、农、商、学、党、政、军、民各方面、各单位都提出了“斗、批、改”的任务。党的九大以后，“斗、批、改”运动在全国展开。

毛泽东希望通过“斗、批、改”运动，在各个方面、各个行业落实党的一些政策，清除资产阶级、修正主义的影响，“斗私批修”，树立无产阶级的新风尚、新思想，巩固和发展“文化大革命”的成果，把无产阶级专政的任务落实到基层，达到“抓革命、促生产、促工作、促战备”的“天下大治”的目的，也含有结束“文化大革命”的意向。但由于“斗、批、改”本身就是在坚持和维护“文化大革命”的前提下展开的，许多要求在很大程度上脱离了中国的实际，尤其在“清理阶级队伍”“整党建党”“教育革命”等方面的“斗、批、改”中，有许多“左”的错误的东西反而在各个领域内被强化或具体化了，否定了新中国成立后 17 年的伟大成就和宝贵经验。毛泽东本想是通过“斗批改”胜利结束“文化大革命”，但结果却是伤害了大批干部、知识分子和群众，使党内矛盾和社会矛盾继续紧张，社会秩序和国家工作很难有多大好转，使“文化大革命”的内在矛盾更深刻地暴露出来。

第一颗人造地球卫星“东方红一号”成功发射的意义是什么？

1970 年 4 月 24 日 21 时 35 分，由我国自行研制的第一颗人造地球卫星“东方红一号”发射成功。“东方红一号”卫星的发射成功使中国成为世界上继苏联、美国、法国和日本之后第五个完全依靠自己的力量成功发射人造卫星的国家。虽然它比苏联发射第一颗人造卫星“斯普特尼克一号”晚了 13 年，但是它的质量超过了前四个国家第一颗卫星质量的总和。

“东方红一号”卫星，反映着当时中国的经济、科技、社会和军事能力发展水平，是国家综合国力的重要标志，是影响国际关系格局的重要因素，是促进经济和科技进步的重要手段，对于增强民族自豪感和凝聚力具有重要作用。“东方红一号”的发射成功，为中国航天技术的发展打下了极为坚实的根基，带动了中国航天工业的兴起，使中国的航天技术与世界航天技术前沿保持同步，标志着新中国进入了航天时代。

什么是“两个估计”？

在“文化大革命”期间，1971 年 4 月 15 日至 7 月 31 日在北京召开的全国教育工作会议通过由张春桥、姚文元修改定稿的《全国教育工作会议纪要》，断言新中国成立后十七年的教育战线上，“毛泽东的无产阶级教育路线基本上没有得到贯彻执行”，是“资产阶级专了无产阶级的政”，大多数教师“世界观基本上是资产阶级的”。

这“两个估计”完全不符合我国教育战线的实际，它长期成为压抑广大教师以致整个知识分子队伍的精神枷锁。

什么是中美“乒乓外交”？

事件起于 1971 年 3—4 月在日本名古屋举行的第 31 届世界乒乓球

锦标赛。当时中国代表团参加了名古屋的世界乒乓球比赛，与美国乒乓球代表团有了接触，美国代表团提出了访问北京的要求。毛泽东根据美方的要求，决定邀请参加日本名古屋第 31 届世界杯锦标赛的美国乒乓球队访问中国。

4 月 10 日至 17 日，美国乒乓球代表团应中国乒乓球代表团的邀请访问中国，打开了隔绝 22 年的中美交往的大门，被国际舆论誉为“乒乓外交”。

在当时的历史条件下，访华的美国乒乓球队充当了两国之间的民间外交特使。小小银球弹开了中美彼此紧闭 20 多年的国门，震动了地球。从此结束了中美两国 20 多年来人员交往隔绝的局面，使中美和解随即取得历史性突破。

中华人民共和国在联合国合法席位恢复的重大意义是什么?

1971 年 10 月 25 日，第二十六届联合国大会以 76 票赞成、35 票反对和 17 票弃权的压倒性多数通过了由阿尔巴尼亚、阿尔及利亚等 23 个国家提出的 2758 号议案，“恢复中华人民共和国的一切权利，承认她的政府的代表为中国在联合国组织的唯一合法代表并立即把蒋介石的代表从它在联合国组织及其所属一切机构中所非法占据的席位上驱逐出去”。11 月 1 日，中华人民共和国的五星红旗第一次在联合国升起。

中华人民共和国在联合国的合法权利得到恢复，这是中国、许多第三世界国家以及在这个问题上主持正义的其他国家经过长期斗争而取得的巨大胜利，是中国外交工作的一次重大突破，是新中国国际地位不断提高的重要标志，是国际反华势力阻挠中华人民共和国在联合国合法席位的图谋的彻底破产，具有极为深远的意义。

什么是批林批孔运动?

“九一三事件”后，毛泽东意识到已有越来越多的人对“文化大革命”产生怀疑，但他坚持认为发动“文化大革命”是完全必要的，担心出现“复辟倒退”和“右倾回潮”。党的十大前后，毛泽东在多次谈话中把批判林彪同批判孔子和儒家、推崇法家联系起来，认为林彪同国民党一样，都是“尊孔反法”的，法家在历史上是向前进的，儒家是开倒车的。

毛泽东关于儒家和法家的评论，很快为江青一伙所利用。1974 年 1 月 18 日，江青首先就借助于中共中央转发《林彪与孔孟之道》，大力掀起“批林批孔”浪潮。在这期间，江青一伙借“批林批孔”之机，到处煽风点火，大搞“影射史学”，批所谓“现代的儒”“党内的大儒”，露骨地攻击周恩来；他们借批林彪“克己复礼”，影射周恩来 1972 年以来进行的调整工作是“复辟倒退”“右倾回潮”；他们还极力吹捧“女皇”，为其反周“组阁”阴谋大造舆论。

毛泽东发现江青一伙借机进行夺权活动以后，对他们作了严厉的批评，斥责他们是“四人帮”，使他们反周“组阁”的阴谋失败。

这个运动从 1974 年初至同年 6 月，历时半年左右。这次“批林批孔”运动，不但在历史研究领域和社会伦理道德方面造成混乱，搞乱了人们的思想，而且在江青一伙煽动的所谓“反潮流”的冲击下，使林彪事件后好不容易刚刚趋向稳定的政治局势和有所发展的国民经济重新遭到破坏。

中美关系正常化的意义是什么？

1972 年 2 月 21 日，美国总统尼克松访华，对中国进行为期七天的历史性访问。访问期间，毛泽东主席会见了尼克松总统，周恩来总理也同他进行了会谈。双方就国际形势和中美关系交换了意见，着重讨论了印支问题和台湾问题。

2 月 28 日，中美双方在上海发表了《中美联合公报》，《公报》指出：中美两国的社会制度和对外政策有本质的区别。但是双方同意，各国不论社会制度如何，都应根据和平共处的五项原则来处理国与国之间的关系。中国方面重申“中华人民共和国政府是中国的唯一合法政府”，台湾是中国的内政，用什么方式解决应该由中国自己来决定，别国无权干涉。美国方面声明“在台湾海峡两边所有的中国人都认为只有一个中国，台湾是中国的一部分。美国政府对这一立场不提出异议，并确认从台湾撤出全部美国武装力量和军事设施的最终目标”。《中美联合公报》的发表是中美关系史上的里程碑，为两国关系正常化开辟了新的前景，对缓和亚洲及世界局势做出了贡献，给中美建交奠定了基础。它的发表，标志着中美隔绝状态的结束和关系正常化进程的开始，中美交往的大门终于被打开，这是两国关系历史上的一件大事，也对国际形势产生了重大影响。

第四届全国人大第一次会议召开的重要意义是什么？

第四届全国人民代表大会第一次会议于 1975 年 1 月 13 日至 17 日在北京召开。会议的主要议程是修改宪法、听取政府工作报告、选举和任命国家领导人。周恩来抱病作了政府工作报告，重新确定三届全国人大一次会议提出的我国国民经济发展按两步走的设想：第一步，用 15 年时间，即在 1990 年以前，建成一个独立的比较完整的工业体系和国民经济体系；第二步，在 20 世纪内，全面实现农业、工业、国防和科学技术的现代化，使中国的国民经济走在世界的前列。并且指出：“从国内国际的形势看，今后的十年，是实现上述两个设想的关键十年，在这个时期内，我们不仅要建成一个独立的比较完整的工业体系和国民经济体系，而且要向实现第二设想的宏伟目标前进。”

这次大会，虽然是在肯定“文化大革命”、肯定“批林批孔”运动的前提下召开的，但在周总理的政府工作报告中再次提出实现四个现代化的目标，确定以周恩来为总理、邓小平为第一副总理特别是重新对邓小平委以重任，为邓小平主持国务院工作奠定了基础。这是毛泽东发动“文化大革命”九年后，为使国家政治生活逐步转入正常轨道所采取的重要措施，使身处反复动乱中的广大干部和群众又看到了党和国家的希望。

什么是“天安门事件”？

“天安门事件”，亦称“四五运动”，即“四五天安门事件”，是指

“文化大革命”后期的1976年4月5日发生的以天安门事件为中心的反对“四人帮”、否定“文化大革命”的全国性的抗议运动。

1976年1月8日，党和国家的重要领导人周恩来总理逝世，全国各族人民无限悲痛。但是，“四人帮”压制广大人民群众悼念周恩来总理，发出种种禁令，竭力阻挠和污蔑群众性的悼念活动，加紧篡党夺权的阴谋活动，激起人民群众的强烈义愤。4月4日（农历丙辰年清明），悼念活动达到高潮，到天安门广场的达200万人次。5日，来到天安门广场的群众发现，他们献的花圈、诗词、挽联等被撤走了，异常气愤，同奉命维持秩序的民兵、警察和部队战士发生严重冲突。这一革命行动，史称“四五”运动。

以“天安门事件”为中心的全国亿万人民悼念周总理、声讨“四人帮”的运动，是一次伟大的革命群众运动，是全国人民反对“四人帮”倒行逆施的集中表现，它的实质是拥护以邓小平为代表的党的正确领导。这场群众运动鲜明地体现了人心向背，为后来粉碎江青反革命集团奠定了广泛、深厚的群众基础。

粉碎“四人帮”的重要意义是什么？

“四人帮”是指江青、姚文元、王洪文、张春桥四人利用党的错误，在“文化大革命”中形成和发展起来的党内帮派组织和阴谋篡夺党和国家最高权力的反革命集团。“四人帮”成员早期是中央文革小组的重要成员，后全部进入中央政治局，并担任极其重要的职位。毛泽东逝世后，“四人帮”加紧了夺取党和国家最高领导权的活动。10月6日晚，以华国锋、叶剑英为代表的中央政治局执行党和人民的意志，对“四人帮”及其在京的帮派骨干实行审查。10月14日，党中央公布了粉碎“四人帮”的消息。

粉碎“四人帮”，是中央政治局执行党和人民的意志，在非常形势下采取特殊方式进行的一场斗争，华国锋、叶剑英、李先念等起了重要作用。粉碎“四人帮”是全党全军和全国各族人民长期斗争取得的伟大胜利，它从危难中挽救了党，挽救了国家，挽救了社会主义事业。这是党和人民的伟大胜利，是马克思主义和社会主义的伟大胜利。党和人民在经历十年的磨难和挫折之后，终于结束了“文化大革命”这场灾难，使我国的社会秩序得以恢复正常，正如党的十一届六中全会通过的《关于建国以来党的若干历史问题的决议》所指出的：“一九七六年十月粉碎江青反革命集团的胜利，从危难中挽救了党挽救了革命，使我们的国家进入了新的历史发展时期。”

“文化大革命”发生的社会原因是什么？

实践证明，“文化大革命”不是也不可能是任何意义上的革命或社会进步。它根本不是“乱了敌人”而只是乱了自己，因而始终没有也不可能由“天下大乱”达到“天下大治”。历史已经判明，“文化大革命”是一场由领导者错误发动，被反革命集团利用，给党、国家和各族人民带来严重灾难的内乱。

“文化大革命”所以会发生并且持续十年之久，除了毛泽东同志领导上的错误这个直接原因以外，还有复杂的社会历史原因。按照党的十一届六中全会通过的《关于建国以来党的若干历史问题的决议》，其社会原因主要是：

由于社会主义运动的历史不长，社会主义国家的历史更短，社会主义社会的发展规律有些已经比较清楚，更多的还有待于继续探索，所以，对什么是社会主义，如何建设社会主义的问题，党和毛泽东在很长时间里没有完全搞清楚。

我们党过去长期处于战争和激烈阶级斗争的环境中，对于迅速到来的新生的社会主义社会和全国规模的社会主义建设事业，缺乏充分的思想准备和科学研究。

从领导思想上来看，由于我们党的历史特点，在社会主义改造基本完成以后，在观察和处理社会主义社会发展进程中出现的政治、经济、文化等方面的新矛盾新问题时，容易把已经不属于阶级斗争的问题仍然看作阶级斗争，并且面对新条件下的阶级斗争，又习惯于沿用过去熟悉而这时已不能照搬的进行大规模急风暴雨式群众性斗争的旧方法和旧经验，从而导致阶级斗争的严重扩大化。

党在面临着工作重心转向社会主义建设这一新任务因而需要特别谨慎的时候，毛泽东同志的威望也达到高峰。他逐渐骄傲起来，逐渐脱离实际和脱离群众，主观主义和个人专断作风日益严重，日益凌驾于党中央之上，使党和国家政治生活中的集体领导原则和民主集中制不断受到削弱以致破坏。

特别是在我们这样一个人口众多、农民占人口大多数、经济文化十分落后的国家，如何进行社会主义建设，我们党一直处在探索中；我国是一个封建历史很长的国家，长期封建专制主义在思想政治方面的遗毒不是很容易肃清的。

此外，苏联领导人挑起中苏论战，并把两党之间的原则争论变为国家争端，对中国施加政治上、经济上和军事上的巨大压力，迫使我们不得不进行反对苏联大国沙文主义的正义斗争。在这种情况的影响下，我们在国内进行反修防修运动，使阶级斗争扩大化的迷误日益深入到党内，以致党内同志间不同意见的正常争论也被当作是所谓有修正主义路线的表现或所谓路线斗争的表现，使党内关系日益紧张化。这样，党就很难抵制毛泽东等同志提出的一些“左”倾观点，而这些“左”倾观点的发展就导致“文化大革命”的发生和持续。

“文化大革命”的教训是什么？

长达十年之久的“文化大革命”是一场灾难，是一场浩劫，为中国共产党和中国社会主义建设提供了深刻的历史教训。

第一，必须科学对待马克思列宁主义，准确把握中国基本国情，从实际出发认识“什么是社会主义”和“如何建设社会主义”的问题，探索中国自己的建设社会主义道路。我们应该认识到，马克思列宁主义为我国的社会主义事业指明了方向，但是不能代替我们去思考和解决中国社会主义进程中的具体问题。

第二，必须正确认识社会主义社会的主要矛盾和党的主要任务，集中力量发展生产力，而不能“以阶级斗争为纲”，必须坚持实事求是的思想路线，坚持把有利于经济建设作为一切工作的中心和出发点。社会主义的根本任务是解放和发展生产力，不断提高人民群众的生活水平，正确地领导经济建设，是党在社会主义建设时期的中心任务。必须正确认识和处理社会主义条件下的阶级斗争，正确区分人民内部矛盾和敌我矛盾这两类不同性质的矛盾，采取正确的处理方法，不能搞阶级斗争扩大化。

第三，必须改革和完善党和国家的领导制度，健全民主集中制和集体领导制度，反对任何形式的个人崇拜和个人专断。一定要树立党必须由在群众斗争中产生的德才兼备的领袖们实行集体领导的马克思主义观点，一定要维护党的领袖人物的威信，同时保证他们的活动处于党和人民的监督之下。在高度民主的基础上实行高度的集中，坚持少数服从多数、个人服从组织、下级服从上级、全党服从中央。

第四，必须发展社会主义民主，加强社会主义法制。没有民主和法制就没有社会主义，党必须领导人民加强民主法制建设，使民主制度化、法律化，必须不断推进国家经济、政治、文化、社会生活的法制化、规范化，必须使国家的宪法和法律得到切实的遵守，使全体公民的民主权利得到切实保证，任何一个党组织和它的领导人都不能超出法律之上。唯有高度的民主和健全的法制，才能保证党和国家沿着正确的道路健康发展。

第五，社会主义必须搞改革、必须搞开放，不能走传统社会主义的老路。“文化大革命”把我们对于传统社会主义认识上的严重弊端和我们自身所建立的高度集中的计划经济体制的严重弊端暴露无遗，而且从反面给了我们极其严重的教训。正如邓小平在总结历史经验时所指出的：“二十年的经验尤其是‘文化大革命’的教训告诉我们，不改革不行，不制定新的政治的、经济的、社会的政策不行。”

第二部分

什么是“两个凡是”?

“两个凡是”源于1977年2月7日的“两报一刊”社论《学好文件抓住纲》,表述为:“凡是毛主席作出的决策,我们都必须拥护;凡是毛主席的指示,我们要始终不渝地遵循。”

“两个凡是”的实质上是要把毛泽东晚年的“左”倾错误全面延续和继承下来。这种拒绝对事物作出任何分析的方针,在理论上违背了马克思主义的基本原理,在实践上为新形势下坚持真理、修正错误设置了障碍。为什么说“两个凡是”方针是错误的?以教条主义的态度对待马列主义毛泽东思想,必然导致思想上、理论上的僵化。违背了实事求是、一切从实际出发、理论联系实际的思想路线,就无法认识和解决新发现的问题。“两个凡是”违背了我党一贯奉行的坚持真理、修正错误的原则立场,事实是要延续毛泽东晚年的错误。推行“两个凡是”,挫伤了广大干部群众的积极性,阻碍了拨乱反正的进行。

“两个凡是”提出不久,邓小平在1977年4月10日写给党中央的信中,他提出,“必须世世代代地用准确的完整的毛泽东思想来指导我们全党、全军和全国人民”。所谓“准确”“完整”,就是强调要把毛泽东思想作为一个科学的理论体系看待,强调着重掌握贯穿其中的科学观点和科学方法,而不是搞断章取义和“句句是真理”。“准确的完整的毛泽东思想”概念的提出,为批判“两个凡是”提供了有力的理论武器。

高考制度恢复的重要意义是什么?

1972年到1976年,大学采取“自愿报名,群众推荐,领导批准,学校复审”的办法招收工农兵学员。至此,招生的基本原则遭到破坏,导致了“读书无用论”盛行,教育质量严重滑坡,国家建设所需的各种专门人才青黄不接。

1977年7月,邓小平正式复出工作,主管科技和教育,高度重视教育制度的改革。10月5日,中央政治局讨论并原则通过了教育部《关于1977年高等学校招生工作的意见》。10月12日,国务院批转了教育部根据邓小平指示制定的《关于 1977 年高等学校招生工作的意见》。文件规定：废除推荐制度，恢复文化考试，择优录取。文件规定：凡是工人、农民、上山下乡和回乡知识青年、复员军人、干部和应届毕业生，符合条件均可报考。从应届高中毕业生中招收的人数占招生总数的 20% 至 30%。10 月 21 日开始，新华社、《人民日报》、中央人民广播电台等各新闻媒体，都发布了恢复高考的消息。1977 年 11 月 28 日至 12 月 25 日，全国 570 万年龄参差不齐的考生走进了久违的高考考场。这次考生规模之大，不仅创造了中国教育史上的最高纪录，也堪称世界之最。

作为中国当代最重要的历史事件之一，高考制度恢复产生了深远的影响。高考是国家教育考试，恢复高考在教育方面的意义和影响更为直接。恢复高考是教育战线拨乱反正的标志，它对于重建社会的公正与公平，对于在全社会树立尊重知识、尊重人才的良好社会风气，恢复高考不仅迅速提升了教育水平，进而保障高校生源的水平和高等教育质量，而且为改革开放准备了人才，对于推进新时期中国社会主义现代化事业的发展，都具有重要意义。恢复高考制度也成为中国改革开放的先声和序幕。

真理标准讨论的重大意义是什么？

真理标准问题大讨论，是一次伟大的思想解放运动，是党在思想上、理论上最根本的拨乱反正。这场大讨论冲破了“左”倾错误思想和“两个凡是”的思想束缚，奏响了改革开放新时期思想解放运动的序曲，为具有历史转折意义的党的十一届三中全会的召开准备了思想条件。

1978 年 5 月 10 日，在中央党校内部刊物《理论动态》上发表了经中央党校副校长胡耀邦审定的《实践是检验真理的唯一标准》的文章。11 日，该文以特约评论员的名义在《光明日报》公开发表，新华社于当天全文转发全国。这篇文章的核心是，社会实践不仅是检验真理的标准，而且是唯一的标准。这篇文章发表后，在全国引起强烈反响。许多干部群众和理论工作者赞成文章的观点，并要求按“实践标准”去处理大量历史遗留问题，也有一些人不赞成或不接受文章的观点。由此引发了全国范围内关于真理标准问题的大讨论。在领导和支持真理标准问题讨论中，邓小平等老一辈革命家始终着眼大局，把推进社会主义现代化作为这场讨论的落脚点，使真理标准问题讨论的过程成为引导人们思考国家向何处去的这一重大课题的过程。

关于真理标准问题的讨论，是中国共产党自延安整风以来又一次规模巨大、影响深远的马克思主义的教育运动和思想解放运动。这一讨论，使人们受到了一次深刻的辩证唯物主义思想路线的教育，提高了辨别真假马克思主义、毛泽东思想的能力；批判了“两个凡是”的错误，开始从多年盛行的教条主义和个人崇拜的精神枷锁中解脱出来，长期被禁锢的思想开始获得解放。通过这场讨论，批判危害多年的极左思潮，恢复马克思主义思想路线，反思过去的曲折，思考未来的出路，党内外思想日益活跃，开始出现酝酿对外开放和对若干体制改革的新局面。

1978 年末，中国共产党十一届三中全会召开。会议高度评价了关于实践是检验真理的唯一标准的讨论，重新确立“解放思想、实事求是”的思想路线，作出了改革开放这一“决定当代中国命运的关键抉择”。

粉碎“四人帮”后调整国民经济的新八字方针是什么？

当全党工作重点向社会主义现代化建设转移的时候，国民经济发展中重大比例关系失调的情况日益暴露出来。1979 年 4 月党中央工作会议正式确定了对国民经济实行“调整、改革、整顿、提高”方针（简称新“八字方针”）。

贯彻实行新的“八字方针”是为了纠正多年来经济建设指导方针的偏差和前两年经济工作中出现的急于求成倾向。实行这个方针的主要任务是：坚决地、逐步地把各方面严重失调的比例关系调整过来，把整个国民经济纳入有计划、按比例健康发展的轨道；积极而又稳妥地改革工业管理和经济管理的体制，充分发挥中央、地方、企业和职工的积极性；整顿好现有企业，建立健全良好的生产秩序和工作秩序；通过调整、改革、整顿，提高整个国民经济的管理水平、技术水平，更好地按客观经济规律办事。

调整、改革、整顿、提高四个方面的任务是互相联系、互相促进的。调整是决定国民经济全局的关键，是新“八字方针”的中心环节。改革、整顿、提高则围绕这个中心环节进行，并直接为它服务。边调整边前进，在调整中改革，在调整中整顿，在调整中提高。因此，新“八字方针”是一个积极的方针，它的提出表明中国共产党在经济建设的指导思想上，正在摆脱“左”倾错误的束缚，开始了根本性的转变。

为什么说党的十一届三中全会是党的历史上的伟大转折?

中国共产党第十一届中央委员会第三次全体会议于 1978 年 12 月 18 日至 22 日在北京举行。会议的中心议题是，把全党工作的着重点转移到社会主义现代化建设上来。这次全会正确地总结了过去工作中正反两个方面的经验教训，开始全面地认真纠正“文化大革命”及其以前的“左”倾错误，解决了建设社会主义现代化国家的一系列根本问题，端正了中国共产党的思想路线、政治路线和组织路线。

第一，全会从根本上冲破了长期“左”倾错误的严重束缚，重新确立了解放思想、实事求是的指导思想，实现了思想路线的拨乱反正。全会高度评价了关于真理标准问题的讨论，全会指出，必须进一步继承和发扬毛泽东所倡导的马克思主义学风，坚持实事求是、一切从实际出发、理论联系实际的唯物主义思想路线。确定了解放思想，开动脑筋，实事求是，团结一致向前看的指导方针。

第二，全会果断地停止使用“以阶级斗争为纲”这个不适用于社会主义社会的口号和“无产阶级专政下继续革命”的错误理论，重申 1956 年 9 月中共八大作出的我国“大规模的急风暴雨式的群众阶级斗争已经基本结束”的正确结论。作出把党和国家的工作重点转移到社会主义现代化建设上来的决策，实现了政治路线的拨乱反正。

第三，确立了改革开放的新方针，作出了调整国民经济与加快农业发展的决定。全会指出，实现四个现代化，要求大幅度提高生产力，就必然要求多方面地改变同生产力发展不适应的生产关系和上层建筑，改变一切不适应的管理方式、活动方式和思想方式，因而是一场广泛、深刻的革命，要求对经济管理体制和经营管理方法进行认真改革，对经济体制要进行改革，肯定了生产权力下放，按经济规律办事。

第四，形成了以邓小平为核心的党中央领导集体，取得了组织路线拨乱反正的最重要成果。这次会议后，虽然华国锋仍然担任党中央主席，但是从党的指导思想的确立和实际工作的领导来说，邓小平已经成为党的中央领导集体的核心。

十一届三中全会是新中国成立以来中国共产党的历史上具有深远意义的伟大转折。其伟大历史功绩在于，从根本上冲破了长期“左”倾错误的严重束缚，端正了党的指导思想，重新确立了马克思主义的思想路线、政治路线和组织路线；解决了20多年来没有解决好的党和国家工作重点转移的问题，结束了1976年10月以来党和国家的工作在徘徊中前进的局面。如同遵义会议打开了中国民主革命的新局面，十一届三中全会揭开了中国社会主义现代化建设历史的新篇章，把社会主义事业引向健康发展的轨道。它是中国共产党重新探索中国社会主义建设道路的新起点，是党领导的中国第二次革命的伟大开端，标志着中国共产党人在新的时代条件下的伟大觉醒。从此，中国共产党和中国人民踏上了建设中国特色社会主义新的伟大征程。十一届三中全会作为一个伟大转折点载入党的光辉史册。

为什么说《关于建国以来党的若干历史问题的决议》通过标志着党在指导思想上的拨乱反正胜利完成？

1979年11月，党中央决定着手起草《关于建国以来党的若干历史问题的决议》。邓小平作为起草的主持人，高度重视这项工作。经过长时间的讨论修改，集中了全党的智慧。1981年6月党的十一届六中全会通过《关于建国以来党的若干历史问题的决议》。

《决议》共分为八个部分，主要内容：

第一，对新中国成立32年来中国共产党的历史进行了科学的分析和正确的总结，对一些重大事件和重要历史人物作出了实事求是的评价，科学总结了新中国成立以来社会主义革命和社会主义建设的经验教训。《决议》对“文化大革命”和“无产阶级专政下继续革命”的错误理论从根本上予以否定，列举了32年来在政治、经济、军事、科学、文化、外交等十个方面所取得的重大成就，认为32年来我们取得的成就还是主要的，“我们的成就和成功经验是党和人民创造性地运用马克思列宁主义的结果，是社会主义制度优越性的表现，是全党和全国各族人民继续前进的基础”。

第二，实事求是地评价了毛泽东在中国革命中的历史地位，科学地论述了毛泽东思想的基本内容和作为党的指导思想的伟大意义。《决议》指出：“毛泽东同志是伟大的马克思主义者，是伟大的无产阶级革命家、战略家和理论家。他虽然在‘文化大革命’中犯了严重错误，但是就他的一生来看，他对中国革命的功绩远远大于他的过失。他的功绩是第一位的，错误是第二位的。”将毛泽东晚年的错误与他的正确思想加以区别，强调毛泽东思想是我们党的宝贵的精神财富，将长期指导我们的行动。

第三，肯定了中共十一届三中全会以来逐步确立的适合中国情况的建设社会主义现代化国家的正确道路，进一步指明了中国社会主义事业和党的工作继续前进的方向。《决议》指出：三中全会以来，我们党已经逐步确立了一条适合我国情况的社会主义现代化建设的正确道路，并概括了十个方面的要点、经验。这十个方面的概括，实质上初步提出了在中国建设什么样的社会主义和怎样建设社会主义的问题。

中共十一届六中全会通过的《决议》既对多年来“左”倾错误和毛泽东晚年的错误作了科学分析和深刻评价，又坚决维护了党在长期斗争中形成的优良传统，维护了毛泽东的历史地位和毛泽东思想的科学体系，从而分清是非，纠正了当时存在的“左”的和右的错误观点，统一了全党全国人民的思想，为维护全党的团结和全国人民的团结，为社会主义建设事业的健康发展提供了根本保证。《决议》充分体现了党中央的远见卓识和政治上的成熟，对统一全党、全军、全国各族人民的思想认识，同心同德，为实现新的历史任务而奋斗，产生了深远影响。《决议》的通过表明，党在指导思想上基本完成了由三中全会开始的思想上、政治上的拨乱反正的任务，标志着党的路线已经完全走上了正常的、健康的轨道。

为什么我国的经济体制改革首先从农村取得突破?

我国的经济体制改革是首先从农村开始的，之所以首先在农村取得突破性进展，主要是:

其一，十一届三中全会之前的近 20 年我国农业发展的速度不快，同人民需要和四个现代化的需要之间存在极其尖锐的差距。农业是国民经济的基础，农业的高速度发展是实现四个现代化的根本条件。

其二，在十年建设时期，在农村形成了政社合一的人民公社体制，经济管理高度集中，分配中存在严重的平均主义倾向，农民经营没有自主权，严重挫伤了农民的生产积极性，很大程度上抵消了国家对农业的巨大投入，农业生产发展十分缓慢，农民生活水平提高不明显。

其三，到 1978 年，中国仍有 2.5 亿万农民没有解决温饱问题，严重影响国家的现代化建设。解决温饱问题成为摆在我们面前的当务之急。

其四，早在党的十一届三中全会之前，面对严重的农村经济形势，个别地方已经开始“放宽政策”，率先进行改革实验，如安徽的凤阳县梨园公社小岗村 18 户农民创造出“包干到户”的做法，四川省委也支持农民搞包产到组，这些大胆的尝试，为我国农村改革先走一步打下了基础。

《党和国家领导制度的改革》主要内容和重要性是什么?

《党和国家领导制度的改革》是邓小平 1980 年 8 月 18 日在中共中央政治局扩大会议上的讲话。讲话的主要内容有五个方面：一、国务院领导成员变动，中央的考虑是权力不宜过分集中，兼职、副职不宜过多，着手解决党政不分、以党代政的问题，从长远考虑，解决好交接班问题。二、阐明我国党和国家领导制度改革的目的。是为了发挥社会主义制度的优越性，加速现代化建设事业的发展。三、揭示我国现行政治体制存在的主要弊端。主要有：官僚主义现象、权力过分集中现象、家长制现象、干部领导职务终身制现象和形形色色的特权现象等，强调要着重从制度方面来解决问题，“领导制度、组织制度问题更带有根本性、全局性、稳定性和长期性”。四、提出肃清封建主义和资产阶级思想影响的任务。指出，肃清封建主义残余影响，重点是切实改革并完善党和国家的制度，从制度上保证党和国家政治生活的民主化、经济管理的民主化、整个社会生活的民主化。五、指明改革应采取的根本性措施是，实行民主集中制、党政分工制、中央统一领导下的地方分权的管理制度；健全保障人民民主权利的各项制度；实现干部的革命化、年轻化、知识化、专业化等。正确方法是坚持和加强党的领导。

在这篇讲话中，邓小平总结了国内外社会主义国家政权建设的历史经验，特别是中国十年“文化大革命”的深刻教训，分析了党和国家领导制度存在的种种弊端及其产生的原因，指出了党和国家领导制度改革的必要性、目的和路径，形成了较为系统的党和国家领导制度改革的基本思想。因而，这篇讲话是指导我国政治体制改革，特别是党和国家领导制度改革的纲领性文件。

什么是农村家庭联产承包责任制？其意义是什么？

家庭联产承包责任制是指农户以家庭为单位向集体组织承包土地等生产资料和生产任务的农业生产责任制形式。

1982 年 1 月 1 日，中共中央批转了 1981 年 12 月全国农村工作会议形成的《全国农村工作会议纪要》，作为 1 号文件下发。文件指出：“目前实行的各种责任制，包括小段包工定额计酬，专业承包联产计酬，联产到劳，包产到户、到组，包干到户、到组，等等，都是社会主义集体经济的生产责任制。”这是党的文件第一次正式肯定了包产到户等农业生产责任制的社会主义性质，是认识上的重大突破。这给农村干部和群众吃了“定心丸”。中共中央 1 号文件下发后，家庭联产承包责任制得到健康和快速发展，到 1982 年 6 月，实行包产到户和包干到户的生产队已占 86.7%，其中实行包干到户的队就占 67%。到年底，实行包干到户的队达 80% 以上。家庭联产承包责任制已成为责任制的主要形式，从而基本上完成了农村合作经济组织从集中统一的经营方式向集体统一经营与农民分散经营相结合的方式过渡。

实行家庭联产承包责任制是中国农村经济体制的历史性重大变革。

其一，农村家庭联产承包责任制把集体所有的土地长期包给农户使用，农业生产基本变为分户经营、自负盈亏，农民生产的东西，保证国家的，留足集体的，余下的都是自己的。这种责任制使农民获得了生产和分配的自主权，把农民的责权利紧密结合起来，不仅克服了以往的分配中平均主义、吃大锅饭等弊端，而且纠正了管理过分集中、经营方式过分单一等缺点。

其二，土地等生产资料与农民的结合，适合了农业分散劳动的特点，使农业生产中资源的配置趋向合理，改变了过去管理上过分集中、“大呼隆”等缺点。统分结合、双层经营，既发挥了集体经济的优越性，又发挥了农民家庭经营的积极性，大大提高了劳动效率。

其三，家庭联产承包责任制改变了过去人民公社体制下的平均主义分配方式，突破了以往的评工记分和由各生产单位单纯按工分统一分配的方法，而把农民的劳动报酬与生产成果紧密联系起来，真正实现了按劳分配，有效地克服了平均主义。

其四，这种责任制建立在土地公有制基础上，没有否定合作化以来集体经济的优越性，而是做到有统有分、统分结合，既发挥了集体经济的优越性，又发挥了农户的积极性，受到农民普遍欢迎，提高了农民的劳动热情，促进了农业生产的发展。

改革首先在农村取得突破不是偶然的，它是由我国基本国情和当时农村经济发展困境决定的。党的十一届三中全会为农村改革提供了重要的思想前提，创造了良好的政治环境。广大农村基层干部和亿万农民为改变农村面貌和自身命运，勇敢冲破既有体制，触发了波澜壮阔的改革大潮。农村改革特别是联产承包责任制的实施对充分调动亿万农民的积极性，加快农业发展和实现四个现代化，产生了深远影响和极大推动作用。

计划生育政策的主要内容是什么？有什么作用？

计划生育是中华人民共和国的一项基本国策，即按人口政策有计划地生育。1982年9月，党的十二大把实行计划生育作为我国的一项基本国策，同年12月写入宪法。此后，党的历次代表大会都明确提出，要坚定不移地贯彻落实计划生育国策，严格控制人口增长，提高人口素质。主要内容及目的是：提倡晚婚、晚育，少生、优生，从而有计划地控制人口。

计划生育政策，取得了显著的成效，全国少生4亿多人，提前实现了人口再生产类型的历史性转变，有效地缓解了人口对资源、环境的压力，有力地促进了经济发展和社会进步。实践证明，我国坚持不懈地实行计划生育的基本国策，对建设中国特色社会主义、实现国家富强和民族振兴产生了巨大影响，为促进世界人口与发展发挥了重要作用。

党的十八大后，中国人口形势发生变化，出现新的特点。因此，计划生育政策开始调整。2013年12月21日，中共中央、国务院印发《关于调整完善生育政策的意见》，提出单独两孩的政策。2015年12月31日，中共中央、国务院印发《关于实施全面两孩政策改革完善计划生育服务管理的决定》，2016年1月1日，修改后的《人口与计划生育法》正式实施，明确国家提倡一对夫妇生育两个子女。2016年12月30日，国务院印发《国家人口发展规划》强调，要以促进人口均衡发展为主线，坚持计划生育基本国策，鼓励按政策生育，充分发挥全面两孩政策效应，综合施策，创造有利于发展的人口总量势能、结构红利和素质资本叠加优势，促进人口与经济社会、资源环境协调可持续发展。

什么是“八二宪法”？

即1982年12月4日第五届全国人大第五次会议上正式通过并颁布的《中华人民共和国宪法》，简称“八二宪法”。

其修改内容包括：将国家性质由“无产阶级专政”恢复为“人民

民主专政”；将知识分子与工人、农民并列为三支基本的社会力量；恢复设立国家主席；国务院实行总理负责制；宪法把公民的基本权利和义务提到了重要位置，加强了对公民人身权利保障的条款；承认国营、集体、个体三种经济都不可缺少，申明国家保护个体经济的合法权益等。它明确规定了中华人民共和国的政治制度、经济制度、公民的权利和义务、国家机构的设置和职责范围、今后国家的根本任务等。其根本特点是，规定了我国的根本制度和根本任务，确定了四项基本原则和改革开放的基本方针。宪法把建设社会主义精神文明作为国家的一项根本任务，对如何建设社会主义精神文明作了具体规定。

“八二宪法”继承和发展了1954年宪法的基本原则，总结了中国社会主义发展的经验，并吸收了国际经验，体现了全国人民的共同意志和根本利益，是一部有中国特色的、适应新时期社会主义现代化建设需要的、稳定的根本大法，是中华人民共和国新的历史时期治国安邦的总章程。

什么是经济特区？我国经济特区的“特”在什么地方？

兴办经济特区是党和国家为推进改革开放和社会主义现代化建设作出的重大决策，是中国对外开放富有特色的重要形式。

为了在经济领域贯彻落实党中央对外开放政策，开辟一个试验田，与世界市场对接，吸引外资、技术，发展外向产业，学习境外管理经验，1979年7月15日，中共中央、国务院批转了广东和福建省委关于对外经济活动实行特殊政策和灵活措施的两个报告。1980年采纳广东省的建议，把“出口特区”改名为“经济特区”。

1980年8月26日，全国人大常委会第十五次会议通过了《广东省经济特区条例》，宣告了中国第一批经济特区深圳、珠海、汕头的诞生。同年10月，国务院批复了福建省设立厦门经济特区的报告。1988年党中央决定设立海南经济特区，海南成为中国最大的经济特区。中国经济特区的兴办，向世界宣告了中国对外开放迈出了关键一步。

兴办经济特区，是发展对外经济技术合作和交流的重要形式，是中国利用外资、引进技术、开展多种方式的对外经济活动、走向国际市场的一条特殊渠道。它的“特”，就在于实行特殊的经济政策和特殊的经济体制。主要表现在：一是特区的经济发展主要靠吸收和利用外资。特区的经济是在社会主义经济领导下，以中外合资、合作经营和外商独资企业为主，多种经济形式并存的综合体。二是特区的经济活动是在国家计划指导下，以市场调节为主。它以发展外向型经济为中心，大部分产品供出口外销，与国际市场联系密切。三是对前来投资的客商，在税收、土地使用费、出入境管理等方面，给予特殊的优惠和方便。四是国家给特区比较多的经济活动自主权。这些不同于内地的特点，决定了特区必须建立新的能够按照经济规律办事、适应国际市场变化、有活力的经济体制。

兴办经济特区是党和国家推进改革开放和社会主义现代化建设的重大决策，也是探索中国特色社会主义道路的伟大创举。改革开放 40 年来，深圳、珠海、汕头、厦门、海南 5 个经济特区，实行特殊政策和灵活措施，成为技术的窗口、管理的窗口、知识的窗口和对外开放政策的窗口，充分发挥了经济体制改革的“试验田”和对外开放的“窗口”作用，为全国的改革开放和社会主义现代化建设作出了巨大贡献。

“五讲四美”“三热爱”的内涵是什么？

“五讲四美”，即讲文明、讲礼貌、讲卫生、讲秩序、讲道德和心灵美、语言美、行为美、环境美；“三热爱”，即热爱祖国、热爱社会主义、热爱党。

1981 年 2 月 25 日，全国学联、全国伦理学学会、全国总工会、共青团中央、全国妇联、中国文联、中国语言学学会、中华全国美学学会、中央爱卫会九个单位，联合作出《关于开展文明礼貌活动的倡议》在全国人民，特别是青少年中开展文明礼貌月活动，大兴“五讲四美”之风。1982 年 2 月，中共中央规定每年 3 月为“全民文明礼貌月”。5 月，中共中央转发了《深入持久地开展“五讲四美”活动，争取社会主义精神文明建设的新胜利》的通知。1983 年 1 月，中宣部、文化部、教育部、卫生部等24个单位提出了《1983年开展“五讲四美三热爱”活动的意见》，肯定了许多地方开展的内容。从此，“五讲四美三热爱”的内容融为一体，从城市到农村、从内地到边疆，“五讲四美三热爱”活动迅速开展起来。

1985年初，中央鉴于“全民文明礼貌月”已经完成了动员和组织群众参加“五讲四美三热爱”活动的使命，同时群众性的精神文明建设也应从集中、突击性活动逐步向经常化、制度化过渡，决定改变活动形式，以后不再搞全民“文明礼貌月”活动。

开展“五讲四美三热爱”教育活动，是建设社会主义精神文明的一项重要工作，对于促进中国青少年一代的健康成长，培养有理想、有道德、有文化、守纪律的社会主义新人，搞好社会主义现代化建设有着重要的意义。通过进行“文明礼貌月”“五讲四美三热爱”等活动，社会主义精神文明建设取得重大成就：被十年动乱所破坏的人际关系得到调整和改善，社会主义新型人际关系得以发展和加强，形成了良好的社会风尚；各行各业的服务态度和服务质量明显改进；破除了一些陈规陋俗，逐步建立起文明、健康、科学的生活方式；改善了生活环境，稳定了社会秩序。

祖国和平统一方针的主要内容是什么？

简称“叶剑英‘九条方针’”。1981年9月30日，全国人大常委会委员长叶剑英对新华社记者发表谈话，阐述中国共产党和中国政府关于台湾回归祖国、实现和平统一的九条方针政策。主要内容是：建议举行中国共产党和中国国民党两党对等谈判，实行第三次国共合作，共同完成祖国统一大业。海峡两岸各族人民迫切希望互通音讯、亲人团聚、开展贸易、增进了解，建议双方共同为通邮、通商、通航、探亲、旅游以及开展学术、文化、经济、体育交流提供方便（后简称为“三通”“四流”），达成有关协议；提出国家实现统一后，台湾可作为特别行政区，享有高度的自治权，并可保留军队；台湾现行社会、经济制度不变，生活方式不变，同外国的经济、文化关系不变；私人财产、房屋、土地、企业所有权、合法继承权和外国投资不受侵犯；台湾当局和各界代表人士可担任全国性政治机构的领导职务，参与国家管理。“九条方针”的提出，对促进两岸关系的全面发展产生了积极影响。

什么是“一国两制”？其重大意义是什么？

“一国两制”，亦称“一个国家，两种制度”，是指中华人民共和国这个统一主权的社会主义国家，在完全统一的前提下，大陆实行社会主义制度，香港、澳门、台湾实行资本主义制度。这是中国共产党为收回香港、澳门、台湾，实现祖国和平统一而提出的一项重要战略方针。

“一国两制”既保证了我国对香港、澳门恢复行使主权，有助于发展社会主义经济，也有利于保持香港和澳门地区的繁荣与稳定。“一国两制”的构想也完全适用于解决台湾问题，有利于祖国和平统一和社会主义现代化建设。

“一国两制”伟大构想是邓小平提出的中国特色社会主义理论的重要内容之一，是马克思主义基本原理同中国的具体实际相结合的产物，也是对马克思主义关于国家起源、结构、本质属性、职能及其作用的创新和发展。“一国两制”构想不仅对马克思主义国家学说有着巨大的理论意义，而且对于深入研究在当代如何有效解决祖国统一问题、国与国之间的历史遗留和国际争端等问题，都具有十分重要的现实意义。

在“一国两制”战略构想的指导下，香港、澳门分别于 1997 年 7 月 1 日和 1999 年 12 月 20 日成功回归祖国。香港、澳门繁荣稳定的事实，辩证地证明了邓小平“一国两制”构想的科学性和可行性。

“一国两制”是中国政府为实现国家和平统一而提出的基本国策。习近平在庆祝澳门回归祖国 15 周年大会暨澳门特别行政区第四届政府就职典礼上指出，“一国两制”是国家的一项基本国策。牢牢坚持这项基本国策，是实现香港、澳门长期繁荣稳定的必然要求，也是实现中华民族伟大复兴中国梦的重要组成部分，符合国家和民族根本利益，符合香港、澳门整体和长远利益，符合外来投资者利益。习近平强调，继续推进“一国两制”事业，必须牢牢把握“一国两制”的根本宗旨，共同维护国家主权、安全、发展利益，保持香港、澳门长期繁荣稳定；必须坚持依法治港、依法治澳，依法保障“一国两制”实践；必须把坚持一国原则和尊重两制差异、维护中央权力和保障特别行政区高度自治权、发挥祖国内地坚强后盾作用和提高港澳自身竞争力有机结合起来，任何时候都不能偏废。继续推进“一国两制”事业，是中央政府、特别行政区政府和包括港澳同胞在内的全国各族人民的共同使命，无论遇到什么样的困难和挑战，我们对“一国两制”方针的信心和决心都绝不会动摇，我们推进“一国两制”实践的信心和决心都绝不会动摇。

什么是“三来一补”？

“三来一补”是来料加工、来样加工、来件装配及补偿贸易的统称。所谓来料加工、来样加工、来件装配是指由外商提供原料、技术、设备，由中国大陆企业按照外商要求的规格、质量和款式，进行加工、装配成产品交给外商，并收取加工劳务费的合作方式。这是我国改革开放初期创立的一种企业贸易形式，一种重要的吸引外资形式。它最早出现于1978年的东莞。随着改革开放的全面推进，“三来一补”企业早就从深圳飞向珠三角，飞向全国。

但是，随着中国制造业的逐渐发展，特别是2001年中国加入WTO，国家出台更多禁止和限制加工贸易类目录、税收优惠减小、人民币不断升值、劳动力成本上升、国际贸易摩擦等诸多问题的困扰，“三来一补”经营出现不少问题，开始纷纷转型。

什么是“三资企业”？

在中国境内设立的中外合资经营企业、中外合作经营企业、外资企业三类外商投资企业统称为“三资企业”。

“三资企业”是根据中国的外资企业法例规定，在中国注册登记的，具有企业法人资格的有限责任公司，由一个或一个以上的国外投资方与我国投资方共同经营或独立经营，实行独立核算、自负盈亏的经济实体。

由于它们登记为中国的企业法人，因此必须遵守中国的法例，受中国的法例保护和监管。根据中国的外商投资法例规定，任何国家或地区的公司、机构或其他经济组织，均可以在中国规定的开放城市或地区设立“三资企业”，从事政府法例允可的营商活动。“三资企业”的经营范围，由国务院主管部委不定期编制并公布的“外商投资指导目录”作出规限，凡鼓励、允许的项目，外商均可以作出投资和经营，凡禁止的项目，一律不准外商设立，部分项目仅允许以合资或合作的方式经营。详细参见本网站“设立审批”之“外商投资产业指导目录”。随着中国加入 WTO，外商投资的经营范围将进一步开放，最终达至国民待遇而与内资企业的经营范围看齐，且不受地区和内外销的限制。

“三资企业”对吸引外资、引进先进技术和先进管理经验，扩大出口渠道都具有重要意义。

“建设有中国特色的社会主义”重大命题提出及其重大意义是什么？

1982 年，邓小平在中共十二大开幕词中第一次提出了“有中国特色的社会主义”这一命题，在报告中指出：“把马克思主义的普遍真理同我国的具体实际结合起来，走自己的路，建设有中国特色的社会主义。”这是党的历史上，第一次鲜明提出建设中国特色社会主义的重大命题。他指出：“我们的现代化建设，必须从中国的实际出发，无论是革命还是建设，都要注意学习和借鉴外国经验。但是，照抄照搬别国经验、别国模式，从来不能得到成功。这方面我们有过不少教训。把马克思主义的普遍真理同我国的具体实际结合起来，走自己的道路，建设有中国特色的社会主义，这就是我们总结长期历史经验得出的基本结论。”

“建设有中国特色社会主义”重大命题的提出，回答了进入改革开放新时期后，中国走什么样的道路这一人们最关心的重大问题，成为指引新时期改革开放和社会主义现代化建设的伟大旗帜。

“小康社会”的内涵是什么？

“小康社会”是我国社会主义现代化建设“三步走”发展战略中的一个重要目标。“小康”本来是一个古代概念，到 20 世纪 70 年代末，“小康”这个概念被邓小平赋予了新的时代内涵。1979 年 12 月 6 日，邓小平在会见日本首相大平正芳时说：“我们的四个现代化的概念，不是像你们那样的现代化的概念，而是‘小康之家’。”1984 年 3 月 25 日，邓小平在会见日本首相中曾根康弘时说：“翻两番，国民生产总值人均达到八百美元，就是到本世纪末在中国建立一个小康社会。这个小康社会，叫作中国式的现代化。翻两番、小康社会、中国式的现代化，这些都是我们的新概念。”这个新概念的提出，为我国的现代化建设提出了一个明确的奋斗目标。

从此，“小康社会”就成为中国发展战略的重要概念，党的十二大正式推出到 20 世纪末使人民生活达到小康水平，党的十三大正式提出“三步走”战略的第二步就是进入小康社会。

小康社会是一个经济发展、政治民主、文化繁荣、社会和谐、环境优美、生活殷实、人民安居乐业和综合国力强盛的经济、政治、文化全面协调发展的社会，是一个社会生产力持续发展的，人均国民生产总值以八百美元为基础并不断提高，向中等发达国家不断接近的社会发展阶段；是一个坚持社会主义道路，不断实现社会主义本质要求，人民生活水平普遍提高的社会发展阶段；是一个国家综合国力特别是经济实力显著增强，逐步进入世界前列的社会发展阶段。

经过全党和全国各族人民的共同努力，到 20 世纪末，我国人民生活总体上达到了小康水平，但刚刚进入的小康社会还是较低水平、很不平衡的小康社会，所以，进入小康社会不等于建成小康社会，所以党的十六大提出 21 世纪的头 20 年的战略任务就是全面建设惠及十几亿人口的更高水平的小康社会。党的十七大描绘了到 2020 年全面建设小康社会目标实现之时的基本情景是：我们这个历史悠久的文明古国和发展中社会主义大国，将成为工业化基本实现、综合国力显著增强、国内市场总体规模位居世界前列的国家，成为人民富裕程度普遍提高、生活质量明显改善、生态环境良好的国家，成为人民享有更加充分的民主权利、具有更高文明素质和精神追求的国家，成为各方面制度更加完善、社会更加充满活力而又安定团结的国家，成为对外更加开放、更加具有亲和力、为人类文明作出更大贡献的国家。党的十八大又进一步提出到 2020 年“全面建成小康社会”的任务。

干部离退休制度是何时确立的？其意义是什么？

1982 年 2 月，中共中央作出《关于建立老干部退休制度的决定》中发〔1982〕13 号，干部退休制度正式确立，正式标志着废除实际存在着的领导干部职务终身制。党的十二大通过的党章规定：“党的各级领导干部，无论是由民主选举产生的，或是由领导机关任命的，他们的职务都不是终身的，都可以变动或解除。”实行离退休制度，从根本上解决了干部实际上的领导职务终身制问题。与此同时，1982 年 2 月，国务院首次公布了《国务院关于工人、职员退休处理暂行规定》，国家的退休制度原则规定是：退休年龄为男 60 岁，女 55 岁，繁重及有损健康的劳动可以提前 5 年，高级知识分子及科技人员可推迟 5 年。

干部离退休制度既保持了领导干部的正常流动和更新，又保障了退休人员的生活和福利待遇。干部离退休制度的建立，为废除长期存在的干部领导职务实际上的终身制奠定了基础，是改革开放的重要成果和历史的重要进步，这是党和国家领导制度改革的一个重要成果，是保证党的事业继往开来、薪火相传的必然选择，是加快社会主义现代化建设、实现中华民族伟大复兴的迫切需要，为实现新老干部的有序交替与合作，实现干部队伍的革命化、年轻化、知识化和专业化开辟了一条广阔的道路，因此，邓小平同志曾指出，这是关系党和国家兴旺发达和事业兴衰成败的“一场革命”，“在党的历史上值得大书特书”。

什么是乡镇企业？其作用和意义是什么？

乡镇企业是指由农村乡镇、行政村、村民组等集体经济组织或农民主办的各类企业。农村集体副业是乡镇企业的萌芽，人民公社兴办的社队企业是乡镇企业的前身。1984 年 3 月 1 日中共中央、国务院转发农牧渔业部和部党组《关于开创社队企业新局面的报告》的通知，第一次以正式文件形式把社队企业、部分社员联营的合作企业、其他形式合作工业和个体企业称为“乡镇企业”。

乡镇企业的异军突起是农村改革取得的一个人们未曾料到的收获。20 世纪 80 年代随着农村家庭联产承包责任制的推行，农业生产的发展和农产品供给的相对充足，农村社会分工的发展为乡镇企业的发展提供了社会经济条件，而农村经济市场化程度的提高，为乡镇企业的发展奠定了体制基础，特别是农村剩余劳动力的大量出现以及一批“经营型”能人的出现，为乡镇企业的发展提供了丰富的人力资源。农村改革和整个国民经济改革为乡镇企业的发展提供了最基本的政策环境，这是乡镇企业发展的前提条件。

作为建设中国特色社会主义进程中产生的一个新生事物，乡镇企业是解决“三农”问题的主要途径，在推动农村和整个国民经济结构变革方面发挥了重要作用。乡镇企业到 1987 年时产值占当年农村社会总产值的 50.51%，以其总产值、工业产值、上交税金、出口创汇的迅速增长推动了农村和国民经济的增长。同时，乡镇企业的大发展，对推进中国经济体制改革，建立社会主义的市场经济体制也作出了重要贡献。

乡镇企业在我国经济社会发展中具有重要的战略地位，它的发展不仅加快了农业现代化的步伐，而且也加速了农村工业化、城市化的进程。现代社会经济的发展过程证明，工业化、城市化是生产力发展的必然结果，乡镇企业的发展促使农村生产力的显著提高，它一方面推进了农村工业化，另一方面加速了农村城市化。乡镇企业的主体是工业，农村发展乡镇企业的过程，实际上就是农村工业化、城市化的实现过程。

《中共中央关于经济体制改革的决定》的重大贡献和重大意义是什么？

《中共中央关于经济体制改革的决定》是 1984 年党的十二届三中全会通过的一个重要文件。这一决定总结了新中国成立以来，特别是十一届三中全会以来经济体制改革的经验，阐明了加快以城市为重点的整个经济体制改革的必要性、紧迫性，规定了改革的方向、性质和任务，初步提出和阐述了经济体制改革中的一系列重大理论和实践问题。

《决定》系统地阐明了建立充满生机和活力的社会主义经济体制所需要解决的主要问题，就一系列改革措施做了战略部署：（1）增强企业活力是经济体制改革的中心环节；（2）建立自觉运用价值规律的计划体制，发展社会主义商品经济，建立合理的价格体系，充分重视经济杠杆的作用；（3）实行政企职责分开，正确发挥政府机构管理经济的职能；（4）建立多种形式的经济责任制，认真贯彻按劳分配原则；（5）积极发展多种经济形式，进一步扩大对外的和国内的经济技术交流；（6）起用一代新人，造就一支社会主义经济管理干部的宏大队伍；（7）加强党的领导，保证改革的顺利进行。

《关于经济体制改革的决定》在理论上突破了把计划经济同商品经济对立起来的传统观念，提出了在社会主义条件下计划经济同商品经济相统一的新理论。这是一个具有重大理论意义和实践意义的突破。

社会主义精神文明的总体布局、基本指导方针和根本任务是什么？

为了进一步加强社会主义精神文明建设，1986 年 9 月，中共十二届六中全会通过了《关于社会主义精神文明建设指导方针的决议》。《决议》根据马克思主义基本原理同中国实际相结合的原则，对社会主义精神文明建设的战略地位、基本方针、根本任务、主要内容，以及马克思主义指导地位和共产党的领导作用等问题，作了系统和全面的论述。它充分体现了坚持四项基本原则，促进改革开放的正确方向，是新的历史时期加强社会主义精神文明建设的纲领性文献。

我国社会主义现代化建设的总体布局是：以经济建设为中心，坚定不移地进行经济体制改革，坚定不移地进行政治体制改革，坚定不移地加强精神文明建设，并且使这几个方面互相配合，互相促进。

以马克思主义为指导的社会主义精神文明，是社会主义社会的重要特征，是社会主义制度优越性的重要表现，是具有中国特色的社会主义社会不可缺少的一个重要方面。建设社会主义精神文明，是解决社会主义社会主要矛盾、实现社会主义根本目的的要求，是我们坚持社会主义道路，进行现代化建设的最重要保证之一。我们的社会主义精神文明建设应当推动社会主义现代化建设，促进全面改革和对外开放，有利于坚持四项基本原则。社会主义精神文明建设的战略地位，决定了它必须是推动社会主义现代化建设的精神文明建设，必须是促进全面改革和实行对外开放的精神文明建设，必须是坚持四项基本原则的精神文明建设。

社会主义精神文明建设的根本任务，是适应社会主义现代化建设的需要，培养有理想、有道德、有文化、有纪律的社会主义公民，提高整个中华民族的思想道德素质和科学文化素质。

什么是“863 计划”？其实施的重大意义是什么？

“863 计划”是中国的高技术研究发展计划，是解决事关国家长远发展和国家安全的战略性、前沿性和前瞻性高技术问题，发展具有自主知识产权的高技术，统筹高技术的集成和应用，引领未来新兴产业发展的计划。

1986 年 3 月 3 日，王大珩、王淦昌、杨嘉墀、陈芳允等科学家提出要跟踪世界先进水平，加快发展中国高技术的建议。经邓小平批示，中共中央、国务院批准并颁发《高技术研究发展计划（863 计划）纲要》。由于这个计划建议的提出和邓小平的批示都是在 1986 年 3 月作出的，所以，这个计划就被称为“863 计划”。

“863 计划”以生物技术、航天技术、信息技术、激光技术、自动化技术、能源技术和新材料七个领域中的15个主题项目为重点（1996年增加了海洋技术领域），以提高原始性创新能力和获取自主知识产权为目标；项目以国家战略需求为导向，以提高集成创新能力和形成战略产品原型或技术系统为目标，旨在提高我国自主创新能力，坚持战略性、前沿性和前瞻性，以前沿技术研究发展为重点，统筹部署高技术的集成应用和产业化示范，充分发挥高技术引领未来发展的先导作用，造就了一批新一代高水平人才，缩小了同世界先进水平的差距，极大地带动了我国高技术及其产业的发展，为传统产业的改造提供了高技术支撑，产生了巨大的经济和社会效益，在提升我国自主创新能力、提高国家综合实力、增强民族自信心等方面发挥了重要作用。

“863计划”实施以来，提高了中国的高技术研究开发水平，增强了科技实力，建立起一批高技术研究和高技术产品开发基地，培养和造就了新一代高技术科技队伍，突破了一大批重大关键技术，缩小了同国外先进水平的差距，取得了一批具有国际水平的成果，对国民经济和社会发展产生重大影响。

什么是“星火计划”?

“星火计划”是党中央、国务院批准实施的依靠科技进步、振兴农村经济，普及科学技术、带动农民致富的指导性科技计划，是我国国民经济和社会发展计划及科技发展计划的一个重要组成部分。1985年由国家科委提出，1986年由国务院批准《中国依靠科学技术促进农村经济发展的计划》，因最早的报告中引用了中国的一句谚语“星星之火，可以燎原”，因而誉名为“星火计划”，意为科技的星星之火，必将燃遍中国农村大地。

“星火计划”的宗旨是：坚持面向农业、农村和农民；坚持依靠技术创新和体制创新，促进农业和农村经济结构的战略性调整和农民增收致富；推动农业产业化、农村城镇化和农民知识化，加速农村小康建设和农业现代化进程。

“星火计划”的主要任务是：以推动农村产业结构调整、增加农民收入，全面促进农村经济持续健康发展为目标，加强农村先进适用技术的推广，加速科技成果转化，大力普及科学知识，营造有利于农村科技发展的良好环境。围绕农副产品加工、农村资源综合利用和农村特色产业等领域，集成配套并推广一批先进适用技术，大幅度提高我国农村生产力水平。

“星火计划”通过将科学技术植入农村经济，发展农村工业项目，引导和带动农村种养殖业、农副产品加工业向资源型产品和产业发展，有力地促进了农村产业结构、产品结构的调整和劳动力的转移。“星火计划”通过科技项目的开发，推动农村专业化、规模化、现代化生产的发展，增加了广大农民的收入，使农民切身感受到科技就是财富，深得广大农民的拥护和支持。

“社会主义初级阶段”是什么时间提出的，其基本内涵是什么？

1979 年 9 月，叶剑英在庆祝中华人民共和国成立 30 周年大会上的讲话中指出，我国还是发展中的社会主义国家，社会主义制度还处在幼年时期。这初步表达了社会主义初级阶段的意思。1981 年党的十一届六中全会第一次明确提出了“我们的社会主义制度还是处于初级的阶段”。党的十二大六中全会重申了关于社会主义初级阶段的观点。

党的十三大总结历史经验和改革开放新鲜经验，明确提出：“我国正处在社会主义的初级阶段。”社会主义初级阶段这个概念包括两层含义：第一，我国社会已经是社会主义社会。我们必须坚持而不能离开社会主义。第二，我国的社会主义社会还处在初级阶段。我们必须从这个实际出发，而不能超越这个阶段。我国社会主义的初级阶段，不是泛指任何国家进入社会主义都会经历的起始阶段，而是特指我国在生产力落后、商品经济不发达条件下建设社会主义必然要经历的特定阶段。社会主义初级阶段在中国社会主义发展史上占有特殊重要的历史地位，是从根本上全面奠定社会主义基础的时期。报告还论述了中国社会主义初级阶段的历史必然性和长期性，它将经历从 20 世纪 50 年代中期社会主义改造基本完成到 21 世纪中叶社会主义现代化基本实现的约 100 年的时间；说明了初级阶段的性质、基本特征、主要矛盾、主要任务和党在这一时期所确立的具有长远意义的指导方针。

中共十三大的突出贡献是什么？

1987年10月25日至11月1日，党的十三大在北京召开。这次大会对十一届三中全会以来形成的具有中国特色的理论、路线、方针和政策作了全面概括，提出了社会主义初级阶段理论和中国共产党在社会主义初级阶段的基本路线，规定了“三步走”的经济发展战略部署，并对深化经济体制改革、加快政治体制改革等问题作了筹划。这次大会标志着中国共产党建设有中国特色社会主义理论的形成。

（1）系统地阐述社会主义初级阶段理论。党的十三大报告第一次系统地论述了“社会主义初级阶段”的理论。这是党的十三大在理论上的重大贡献。

（2）制定党在社会主义初级阶段的基本路线，这就是：“领导和团结全国各族人民，以经济建设为中心，坚持四项基本原则，坚持改革开放，自力更生，艰苦创业，为把我国建设成为富强、民主、文明的社会主义现代化国家而奋斗。”党的十三大制定的社会主义初级阶段的基本路线，是党的十一届三中全会以来路线的完善和发展，是社会主义长期实践经验科学的总结。它的提出，确立了建设有中国特色的社会主义理论和主体内容。确立这条基本路线，实质上确定了怎样建设社会主义的根本指针。

（3）概括了建设有中国特色社会主义的理论观点，勾画了建设有中国特色社会主义理论体系的总体轮廓，初步回答了中国社会主义建设的阶段、任务、动力、条件、布局和国际因素等基本问题，以及这些特征和规律在现阶段中国的具体实现形式和途径，从而对什么是社会主义，什么是中国特色的社会主义，怎样建设中国的社会主义，形成了比较严密的理论体系，规划了前进的科学轨道。因此，中共十三大标志着建设有中国特色社会主义理论和路线的形成。

什么是“菜篮子工程”？

1988年7月，农业部宣布，将组织实施一个被称为“菜篮子工程”的计划，以保障我国城乡副食品供给水平的逐步增长。“菜篮子工程”的基本设想和措施是，通过发展生产，调整副食品供给结构，引导消费，逐步实现肉食品消费多样化，增加节粮、高蛋白的禽、兔、蛋、奶、鱼的供给比重；在保证大路菜供应的基础上增加细菜供给。

实施沿海地区发展外向型经济的战略是基于一种怎样的考虑？

实施沿海地区发展外向型经济的战略，是考虑到 20 世纪 80 年代后期以来，世界产业结构的调整再次出现高潮，发达国家及一部分新兴工业化国家和地区，在产业结构升级中正在将劳动密集型产业和部分资本密集型产业向劳动成本低廉的发展中国家转移。这就为我国加速发展外向型经济、增强出口创汇能力带来了良好的机遇。利用沿海地区劳动力素质较好，对外通商联系口岸较多，科技人才比较集中等优势，加速发展外向型经济，包括劳动密集型和一些技术密集型产业，不仅在出口创汇上可以迅速见效，而且还能使农村大批剩余劳动力转入二、三产业，从而减少我国工业化过程中就业结构转换的压力。

什么是“一个中心、两个基本点”？

党的十三大报告强调指出，以经济建设为中心，坚持四项基本原则，坚持改革开放，这“一个中心，两个基本点”是党的基本路线的主要内容。“一个中心”，即以经济建设为中心是根本内容，“两个基本点”必须服从和服务于“一个中心”。为此，报告提出：“是否有利于发展生产力，应当成为我们考虑一切问题的出发点和检验一切工作的根本标准。”四项基本原则是立国之本，改革开放是强国之路。坚持四项基本原则和坚持改革开放这两个基本点，相互贯通、相互依存，统一于建设有中国特色的社会主义的实践。

中共十三大提出的经济体制改革目标和任务是什么？

党的十三大提出了中国经济体制改革的目标和任务。报告指出，我国经济体制改革的目标，是要建立计划与市场内在统一的社会主义有计划商品经济体制，并首次提出了“国家调节市场，市场引导企业”的新的经济运行模式。开始摆脱把计划经济和市场经济对立起来的传统观念，为后来明确提出建立社会主义市场经济体制目标奠定了基础。

根据经济体制改革的目标，报告提出，经济体制改革，要围绕转变企业经营机制这个中心环节，分阶段地进行计划、投资、物资、财政、金融、外贸等方面体制的配套改革，逐步建立起有计划商品经济新体制的基本框架。为此，报告要求：按照所有权和经营权分离的原则，搞活全民所有制企业；促进横向经济联合的进一步发展；加快建立和培育社会主义市场体系；逐步健全以间接管理为主的宏观经济调节体系；在公有制为主体的前提下继续发展多种所有制经济；实行以按劳分配为主体的多种分配方式和正确的分配政策。这次大会提出的经济体制改革目标和任务，为加快和深化改革指明了方向。

什么是“火炬计划”？

“火炬计划”是发展中国高新技术产业的指导性计划，于 1988 年 8 月经国务院批准，由科技部组织实施。火炬计划的宗旨是：实施“科教兴国”战略，贯彻执行改革开放的总方针，发挥我国科技力量的优势和潜力，以市场为导向，促进高新技术成果商品化、高新技术商品产业化和高新技术产业国际化。

其主要内容是：创造高新技术产业发展的环境，建设高新技术产业开发区和高新技术创业服务中心。火炬计划项目的重点发展领域是：电子信息、生物技术、新材料、光机电一体化、新能源、高效节能与环保。

这个计划的特点是以市场为导向，以高技术发展计划的实施为依托，按照技工贸一体化原则，着力于促进高新技术成果迅速产业化、商业化，并积极开展国际合作、合资，努力开拓国际市场，走国际化道路，成为推动我国科技事业突飞猛进发展的强大动力。

什么是“三步走”发展战略?

我国的“三步走”发展战略指的是中国社会主义初级阶段经济社会发展的战略目标和战略步骤。

其实，早在新中国成立初期，毛泽东就提出准备在几个五年计划时间内把中国建设成为一个工业化的具有高度现代化程度的伟大国家，60年代又提出在20世纪末实现现代化，确定党和国家规划的战略步骤，分两步走：第一步是建立一个独立的比较完整的工业体系和国民经济体系，第二步是全面实现农业、工业、国防和科学技术的现代化，使我国经济走在世界前列。

1987年4月30日，邓小平在会见外宾时第一次明确提出经济建设大体分“三步走”的战略目标。党的十三大从社会主义初级阶段理论出发，进一步强调了党的十一届三中全会后我国经济建设的战略部署大体分三步走：

第一步到本世纪（即20世纪）80年代末，实现国民生产总值比1980年翻一番，解决人民的温饱问题；

第二步到本世纪末（即20世纪），使国民生产总值再增长一倍，人民生活达到小康水平；

第三步到21世纪中叶，人均国民生产总值达到中等发达国家水平，人民生活比较富裕，基本实现现代化。然后，在这个基础上继续前进。

按照“三步走”发展战略，首先在1987年提前三年实现了第一步翻一番的目标，1995年又提前五年实现了翻两番的目标，20世纪末整体进入小康社会。随着21世纪到来，党的十五大对21世纪前50年的任务目标再细化，提出了新的小“三步走”战略，即到2010年实现国民生产总值比2000年翻一番，使人民的小康生活更加富裕，形成比较完善的社会主义市场经济体制；到2020年，使国民经济更加发展，各项制度更加完善；到21世纪中叶新中国建立100周年时，基本实现现代化，建成富强民主文明的社会主义国家。经过近20年的努力，新世纪的前两步又即将实现，在党的十九大，进一步明确规划了从 2020 年到本世纪中叶的战略目标和战略步骤，第一阶段从 2020 年到 2035 年，在全面建成小康社会的基础上，再奋斗 15 年基本实现社会主义现代化，第二个阶段是从 2035 年到 21 世纪中叶，在基本实现现代化基础上再奋斗 15 年，把中国建成富强民主文明和谐美丽的社会主义现代化强国。

“三步走”发展战略，既体现了党和人民勇于进取的雄心壮志，又反映了从实际出发、遵循客观规律的科学精神，是中国共产党探索中国特色社会主义建设规律的重大成果。实践证明，“三步走”是中国迈向现代化的正确战略。

如何应对 80 年代末 90 年代初西方国家的“制裁”？

1989 年政治风波过后，以美国为首的一些西方国家掀起了反华浪潮，对中国实施政治压力和经济“制裁”。1989 年 6 月，美国政府和国会发表声明，对中国政府予以污蔑和攻击，并宣布一系列“制裁”措施，对中国内政横加干涉。7 月，西方七国首脑和欧洲共同体会议追随美国宣布对中国采取中止高层政治往来，延缓世界银行贷款等。一些西方国家粗暴干涉中国内政，向中国施加压力，违反了最起码的国际关系准则，中国政府绝对不能接受。

对此，邓小平及时指出，决不能示弱，要泰然处之，他强调，唯一的办法是我们自己不乱。中国共产党和政府以各种形式公开表明自己的态度，江泽民同志在庆祝中华人民共和国四十周年大会上明确宣布，企图排斥、孤立中国是很不明智的，也是根本不可能的，任何经济制裁，都丝毫不能动摇我们振兴中华、坚持社会主义道路的决心，丝毫不能动摇我们同世界各国人民友好相处的信念。按照党确定的正确方针，中国政府同以美国为首的西方国家进行了坚决和有理有利有节的斗争。

特别是在苏联解体、东欧剧变国际局势发生重大变化的情况下，邓小平反复强调，要保持稳定和坚持改革开放，提出冷静观察、稳住阵脚、沉着应付、韬光养晦、善于守拙、决不当头、有所作为等一系列指导方针，邓小平曾叮嘱几位中央领导同志，“要维护我们独立自主、不信邪、不怕鬼的形象”。所谓“独立自主”，核心是对世界社会主义运动的前途保持信心，沿着自己选择的社会主义道路走到底；“不信邪、不怕鬼”，就是中国不怕威胁，不怕孤立，也不怕制裁，绝不向欺侮我们的国家和势力示弱、低头。同时，对于国际形势，邓小平要求冷静观察、稳住阵脚、沉着应付，“冷静、冷静、再冷静，埋头实干，做好一件事，我们自己的事”。

中国领导人从维护国家主权和民族尊严出发，采取正确的外交战略方针和政策，逐步打破西方“制裁”，积极开展睦邻外交，稳定和积极发展同周边国家的关系，加强同发展中国家的团结与合作，打破西方国家的“制裁”，恢复和稳定同西方发达国家的关系，党和国家领导人纷纷走出国门，积极开展外交活动，几十位发展中国家的元首和政府首脑对中国进行访问，经过努力，中国不仅全面改善和发展了同周边国家的关系，而且同世界其他地区一些重要国家的关系也取得突破性进展，还同包括沙特阿拉伯、新加坡、以色列等 23 个国家建立了外交关系。中国还争取承办了联合国第四次世界妇女大会。大会于 1995 年 9 月 4—15 日在北京召开，这是新中国成立以来中国承办的规模最大的一次国际会议。

事实证明，对中国的“制裁”和孤立是徒劳的，而且对制裁国也不利，中国政府因势利导，采取政治和经济相结合、官方和民间相结合的方针，推动日本率先于 1990 年取消对华“制裁”，随后，其他一些西方国家和国际组织也相继取消了对华“制裁”，到 1991 年底，中国同大多数西方国家的关系基本上回到正常轨道。特别是海湾战争爆发后，带头“制裁”的美国也不得不重新考虑改善两国关系，1993 年首次亚太积极合作组织领导人非正式会议在美国举行，应美国总统克林顿的邀请，国家主席江泽民前往出席，两国领导人举行正式会晤，结束了中美建交以来两国关系最困难的时期。

新中国股票市场是何时建立的，其重要意义是什么？

股票市场是股票交易的场所，由于股票是一种有价证券，所以，股票市场也称证券市场。随着经济体制改革的深入发展，股份制已经出现在我们的经济生活中，成为我国社会主义经济的重要组织形式，股票和股市自然也应运而生。

1990 年 11 月 14 日，中国人民银行批准成立上海证券交易所，12 月 19 日上海证券交易所正式开业，这是新中国建立以来内地的第一家证券交易所。1991 年 4 月 11 日，深圳证券交易所获中国人民银行批准，7 月 3 日，深圳证券交易所正式开业。这两个证券交易所的运营，实现了股票的集中交易，形成了全国性的沪市、深市两个证券交易市场，推动了股份制的发展。

上海证券交易所和深圳证券交易所的成功开业不仅是我国经济体制改革的标志性举措，而且也向全世界发出一个中国改革开放坚定不移向前推进的强烈信号。经过 29 年的快速成长，我国证券交易得到极大发展，如上海证券交易所已发展成为拥有股票、债券、基金、衍生品四大类证券交易品种、市场结构较为完整的证券交易所；拥有可支撑上海证券市场高效稳健运行的交易系统及基础通信设施；拥有可确保上海证券市场规范有序运作、效能显著的自律监管体系。

什么是可持续发展战略？

可持续发展战略指的是在现代化建设中，要把控制人口、节约资源、保护环境放到重要位置，使人口增长与社会生产力的发展相适应，使经济建设与资源、环境相协调，实现良性循环。实质上就是既要考虑当前发展需要，又要考虑未来发展需要，不以牺牲后人的利益为代价来满足当代人的利益。

1992 年联合国环境与发展大会后，党中央、国务院批准并转发了《关于出席联合国环境与发展大会的情况及有关对策的报告》，明确提出将实施可持续发展战略。1994 年国务院第十六次常务会议讨论通过《中国 21 世纪议程——中国 21 世纪人口、环境与发展白皮书》，提出了可持续发展的总体战略、对策和行动方案。1996 年 3 月全国人大四次会议明确提出：实施科教兴国战略和可持续发展战略，对于今后 15 年的发展乃至整个现代化的实现，具有重要意义。党的十五大把实施这两大战略作为我国跨世纪发展的重要任务。在党和政府的积极推动下，可持续发展战略的实施在一些重要领域取得重大进展。

浦东是如何开发开放起来的，其重要意义是什么?

浦东是指黄浦江以东、长江口西南、川杨河以北紧邻上海外滩的一块三角形地区，面积约350平方公里。1990年4月，党中央、国务院正式宣布开发开放上海浦东。这一决定，把开发浦东从地方战略构想提升为国家重大战略决策，引起世界瞩目。“开发浦东，振兴上海，服务全国，面向世界”成为浦东开发开放的工作方针。1992年10月，江泽民同志在中国共产党第十四次全国代表大会上所作的政治报告中明确宣布“以上海浦东开发、开放为龙头，进一步开放长江沿岸城市，尽快把上海建成国际经济、金融、贸易中心之一，带动长江三角洲和整个长江流域地区的新飞跃”。这标志着上海浦东开发开放的性质发生重大的变化，即从80年代上海地方的发展战略，通过党的代表会议，正式上升为90年代的国家发展战略。正如1994年5月江泽民同志在视察上海时所指出的，开发开放浦东不仅关系到上海的发展，而且是中国改革开放的重要标志。

1992年10月，国务院批复设立上海市浦东新区。2005年6月，国务院办公会议批准浦东新区为中国大陆第一个综合配套改革试验区。2009年又批准撤销上海市南汇区，整体并入浦东新区，使浦东新区面积增加一倍。2013年8月，党中央、国务院决定设立中国（上海）自由贸易区，面积28.78平方公里，涵盖上海市外高桥保税区、外高桥保税物流园区、洋山保税港区和上海浦东机场综合保税区4个海关特殊监管区域。2014年12月28日全国人大常务委员会授权国务院扩展中国（上海）自由贸易试验区区域，将面积扩展到120.72平方公里。自由贸易区的设立把浦东开发开放推向一个新的阶段。

邓小平同志讲，上海是我们的王牌，把上海搞起来是一条捷径，开发浦东影响就大了，不只是浦东的问题，是关系上海发展的问题，是利用上海这个基地发展长江三角洲，是长江流域的问题。因此浦东开发开放是 20 世纪 90 年代我国进一步推进改革开放的一个重要抓手，是中央作出的一个重大战略决策。

浦东开发开放的目标定位，就是从中国进一步扩大开放和社会主义市场经济发展需要出发，肩负起党中央赋予的推动上海成为国际经济、金融、贸易中心之一，进一步开放长江沿岸城市，带动长江流域经济腾飞的重要使命，要发挥上海浦东新区在改革开放和自主创新中的重要作用。

邓小平南方谈话的主要内容和重要意义是什么？

邓小平南方谈话指的是 1992 年 1 月 18 日至 2 月 21 日，邓小平先后到武昌、深圳、珠海、上海等地视察，并发表了一系列重要讲话，通称南方谈话。

邓小平南方谈话，对十一届三中全会以来逐步形成的建设有中国特色社会主义理论的核心内容作了系统的概括，提出了一系列重要的新思想，丰富和发展了建设有中国特色社会主义理论。

首先，谈话指出，坚持党的十一届三中全会以来的路线，关键是坚持“一个中心、两个基本点”。不坚持社会主义，不改革开放，不发展经济，不改善人民生活，只能是死路一条。基本路线要管一百年，动摇不得。再次重申了“三个有利于标准”，要求改革胆子要大一些，看准了，大胆地试，大胆地闯。

其次，谈话把对社会主义的再认识问题，加以集中提炼，突出了解放和发展生产力、走向共同富裕这两条。邓小平指出，革命是解放生产力，改革也是解放生产力。“过去，只讲在社会主义条件下发展生产力，没有讲还要通过改革解放生产力，不完全。应该把解放生产力和发展生产力两个讲全了。”“社会主义的本质，是解放生产力，发展生产力，消灭剥削，消除两极分化，最终达到共同富裕。”

第三，谈话明确提出两个“不等于”：计划经济不等于社会主义，市场经济不等于资本主义，为提出社会主义市场经济论奠定了基础。邓小平指出：“计划多一点还是市场多一点，不是社会主义与资本主义的本质区别。计划经济不等于社会主义，资本主义也有计划；市场经济不等于资本主义，社会主义也有市场。计划和市场都是经济手段。”

第四，讲话强调发展是硬道理，在发展中生产力是根本，科学技术是第一生产力，要讲综合国力、两个文明、全面发展。邓小平指出：“要注意经济稳定、协调地发展，但稳定和协调也是相对的，不是绝对的。发展才是硬道理。”“经济发展得快一点，必须依靠科技和教育。我说科学技术是第一生产力。”“总之，只要我们的生产力发展，保持一定的经济增长速度，坚持两手抓，社会主义精神文明建设就可以搞上去。”

第五，谈话强调抓住机遇，发展自己，关键是发展经济，隔几年要上一个台阶，切不可丧失机遇。“要抓住机会，现在就是好机会。我就担心丧失机会。不抓呀，看到的机会就丢掉了，时间一晃就过去了。”

第六，谈话指出，中国要警惕右，但主要是防止“左”。邓小平说：“现在，有右的东西影响我们，也有‘左’的东西影响我们，但根深蒂固的还是‘左’的东西。”“右可以葬送社会主义，‘左’也可以葬送社会主义。”

面对世界社会主义出现低潮，邓小平满怀信心地指出，世界上赞成马克思主义的人会多起来的，一些国家出现严重曲折，社会主义好像被削弱了，但人们经受锻炼，从中吸取教训，将促使社会主义向着更加健康的方向发展。

邓小平在关键时刻，以务实的精神，以非凡的智慧和勇气，深刻回答了长期困扰和束缚人们思想的重大认识问题，统一了人们的思想，使中国特色社会主义事业能够继续沿着正确的方向前进，为推动改革开放和现代化建设进入一个新阶段作出了重大贡献。邓小平南方谈话被称为新时期推进改革开放和现代化建设的又一个解放思想、实事求是的“宣言书”，对中国整个社会主义现代化建设事业具有重大而深远的意义。

什么是“三个有利于”标准？

1992 年初邓小平在视察南方时，面对世界社会主义发展处于低谷，针对党内和国内一些人对改革姓“资”姓“社”产生疑惑等情况，提出了“三个有利于”标准，即“是否有利于发展社会主义社会的生产力，是否有利于增强社会主义国家的综合国力，是否有利于提高人民的生活水平。”“三个有利于”标准，充分体现了以人民为中心的思想，是判断中国特色社会主义的根本标准。

“三个有利于”标准的内容是一个有机结合的统一整体，三者相互联系、相互贯通，从不同方面成为衡量社会发展状态和各项工作成败是非的客观标准，不能把它们割裂和对立起来。在这个统一体中，生产力标准起着基础性的决定作用。“三个有利于”标准的确立，标志着我们党在坚持实事求是的思想路线上，在对建设中国特色社会主义规律的认识上，又前进了一大步。

什么是“九二共识”？

1991年12月16日成立了海峡两岸关系协会（简称海协会），以促进两岸关系的实质性进展。1992年10月底至12月初，海协会与台湾海峡交流基金会（简称海基会）在香港举行事务性会谈，会谈后又通过数次函电往来，最终形成了各自以口头方式表述“海峡两岸均坚持一个中国的原则”的共识，后被称为“九二共识”。“九二共识”的核心是坚持一个中国，“九二共识”的精髓是求同存异。在此基础上，海协会会长汪道涵和台湾海基会董事长辜振甫于1993年4月在新加坡成功举行“汪辜会谈”，签署了《汪辜会谈共同协议》等文件，由此突破了以往台湾当局规定的同大陆的“不接触、不谈判、不妥协”的“三不”政策。

中共十四大确定的任务与三项重大决策是什么？

党的十四大于1992年10月12—18日在北京召开，是在我国加快改革开放和社会主义现代化建设的新形势下召开的一次十分重要的大会。这次代表大会的主要任务是，以邓小平同志建设有中国特色社会主义的理论为指导，认真总结十一届三中全会以来14年的实践经验，确定今后一个时期的战略部署，动员全党同志和全国各族人民，进一步解放思想，把握有利时机，加快改革开放和现代化建设步伐，夺取有中国特色社会主义事业的更大胜利。

党的十四大作出了三项具有深远意义的决策：

第一，抓住机遇，加快发展的决策和战略部署。党的十四大指出，我国经济能不能加快发展，不仅是重大的经济问题，而且是重大的政治问题。因此，党的十四大对经济发展速度作了大幅度的调整，决定将90 年代我国经济的发展速度，由原定的国民生产总值平均每年增长 6% 调整为增长 8% 至 9% 。党的十四大还对加快经济发展作出了战略部署，提出了必须努力实现的十个方面关系全局的主要任务。

第二，确立社会主义市场经济体制的改革目标，建立社会主义市场经济体制。党的十四大在党的历史上第一次明确提出了建立社会主义市场经济体制的目标模式。把社会主义基本制度和市场经济结合起来，建立社会主义市场经济体制，这是我们党的一个伟大创举。

第三，确立了邓小平建设有中国特色社会主义理论在全党的指导地位。这是党的十四大最突出的特点和最重要的贡献。党的十四大对建设有中国特色社会主义理论的主要内容作了概括，并将这一理论及以此为基础的党的基本路线写进了党章。

粮票、油票、布票等票证是何时废除的？其意义是什么？

1993 年 4 月 1 日，按照国务院《关于加快粮食流通体制改革的通知》精神，全国范围取消粮票和油票，实行粮油商品敞开供应。从此，伴随城镇居民 38 年历程的粮票、油票等各种票证完成了谢幕演出，票证时代彻底终结。

票证制度是经济落后、物资匮乏时期采取的一种限制消费的制度。在新中国建立初期的 50 年代，农业基础落后，粮食增产幅度远远赶不上需求增长速度，粮食等关系民生的日用品供需矛盾突出。为了满足人民生活的基本需求而采取当时最为有效的方法，就是印发各种商品票证，有计划地分配到单位或城镇居民手中。从 1953 年 10 月开始，中共中央决定开始在全国实行对粮食、油料（包括食油）的统购统销政策。1955 年 8 月，国务院颁布《市镇粮食定量供应暂行办法》，由此粮票和购粮证作为第一票进入了新中国的票证历史舞台。随后，油票、布票、麻酱票、肉票等相继发放。票证成了城乡居民吃饱穿暖的一种保障。由此初步缓解了粮食等重要物资的供需矛盾，保持了市场物价的稳定，保证了新中国成立初期大规模重工业建设的顺利进行。

1978 年中国改革开放以来，工业和农业迅速发展，粮食和其他日用品日益丰富。80 年代初，禽蛋蔬菜的价格逐渐放开，一些工业品也逐步达到了供需平衡。在 1985 年，中国政府就规定“取消粮食、棉花的统购，改为合同定购”。这是真正意义上的中国第一次粮食流通体制改革，也是中国农产品购销体制由统购统销走向“双轨制”的转折点，各地先后逐步取消凭票、凭本供应粮食。1986 年 12 月 1 日取消棉花棉布统销。随着我国生产力的飞速发展和商品供应的不断扩大和丰富，到 1993 年底，全国的各种票证基本停用。

票证的废除是我国经济长期从短缺到丰富充裕的巨大转变，是我国改革开放、社会主义现代化建设飞速发展的结晶，是随着社会主义市场经济制度建立和完善的结晶，不仅仅给人们的生活带来了变化，更重要的是给人们的观念带来了冲击，使商品经济的观念深入人心。

《中共中央关于建立社会主义市场经济体制若干问题的决定》主要内容是什么？

1993 年 11 月中共十四届三中全会通过了《中共中央关于建立社会主义市场经济体制若干问题的决定》。

这是一个总结我国改革开放基本经验、回答改革实践中提出的许多重大问题、在理论和政策上都有新的突破、思想性和指导性都很强的一个继续深化改革的纲领性文件。《决定》指出，社会主义市场经济体制是同社会主义基本制度结合在一起的。建立社会主义市场经济体制，就是要使市场在国家宏观调控下对资源配置起基础性作用。要进一步转换国有企业经营机制，建立适应市场经济要求，产权清晰、权责明确、政企分开、管理科学的现代企业制度。为实现这个目标，必须坚持以公有制为主体、多种经济成分共同发展的方针，进一步转换国有企业经营机制，建立适应市场经济要求，产权清晰、权责明确、政企分开、管理科学的现代企业制度；建立全国统一开放的市场体系，实现城乡市场紧密结合，国内市场与国际市场相互衔接，促进资源的优化配置；转变政府管理经济的职能，建立以间接手段为主的完善的宏观调控体系，保证国民经济的健康运行；建立以按劳分配为主体，效率优先、兼顾公平的收入分配制度，鼓励一部分地区一部分人先富起来，走共同富裕的道路；建立多层次的社会保障制度，为城乡居民提供同我国国情相适应的社会保障，促进经济发展和社会稳定。

《决定》把党的十四大确定的经济体制改革的目标和基本原则加以系统化、具体化，是我国建立社会主义市场经济体制的总体规划，是90年代进行经济体制改革的行动纲领，对我国的改革开放和社会主义现代化建设产生重大而深远的影响。

长江三峡工程建成的重要意义是什么？

长江三峡工程即长江三峡水利枢纽工程，是中国有史以来建设最大型的工程项目，也是世界上迄今最大的水利枢纽工程、规模最大的水电站。

在长江上修建水电站，是中国多少代人的梦想。早在1919年，孙中山先生在《建国方略》中就提出建设三峡工程的设想。新中国建立后，从1955年起，在中共中央、国务院的领导下，全面开展长江流域规划和三峡工程勘测、科研、设计和论证工作。1970年中央决定先建作为三峡总体工程一部分的葛洲坝工程，为三峡工程做准备。

改革开放后，建设三峡工程的呼声日益高涨。1980年7月，邓小平同志从重庆乘船视察了三峡坝址、葛洲坝工地和荆江大堤，听取了三峡工程的汇报。1989年底，葛洲坝工程全面竣工，通过国家验收。1990年7月，以邹家华为主任的国务院三峡工程审查委员会成立。1992年4月3日，七届全国人大第五次会议以1767票赞成、177票反对、664票弃权通过《关于兴建长江三峡工程的决议》，决定将兴建三峡工程列入国民经济和社会发展十年规划，由国务院根据国民经济发展的实际情况和国家财力、物力的可能，选择适当时机组织实施。三峡工程建设从1993年开始施工准备，1994年12月14日正式开工；到1997年11月8日实现大江截流，2002年11月6日枢纽工程导流明渠成功截流，2003年6月三峡工程下闸蓄水、永久船闸试通航，2003年8月首批机组正式并网发电，于2009年全部完工。

三峡工程具有防洪、发电、航运等经济效益和社会效益。首先，三峡工程是解决长江中下游严重洪水威胁的关键性工程。三峡工程全部建成后，将形成库容为393亿立方米的大水库，可拦蓄洪水、调节洪峰，使长江荆江河段的防洪标准从十年一遇提高到百年一遇。其次，三峡工程是国家调整能源布局和促进全国电网联网的重要措施。三峡工程建成后，水电站装机容量1820万千瓦，年发电量847亿千瓦时，可以缓解华中、华东和华南等地区能源紧张局面，而且三峡电站平均约1000亿千瓦时的年发电量，也相当于每年节约5000万吨煤，大大减少了空气污染和二氧化碳的排放。三峡工程可以改善长江中上游通航条件。三峡水库蓄水后，万吨级船队可从上海直达重庆，运输成本可降低1/3，使长江真正发挥“低成本、大通量”黄金水道的作用。

什么是“八七扶贫攻坚计划”？

1994年4月15日，国务院发出关于印发《国家八七扶贫攻坚计划》的通知。这个计划力争在20世纪内最后7年，集中力量，基本解决目前全国农村8000万贫困人口的温饱问题。“八七”的含义是：对当时全国农村8000万贫困人口的温饱问题，力争用7年左右的时间（从1994年到2000年）基本解决。以该计划的公布实施为标志，我国的扶贫开发进入攻坚阶段。

这个计划是20世纪后7年全国扶贫开发工作的纲领，也是国民经济和社会发展计划的重要组成部分。《计划》指出，扶贫攻坚的奋斗目标：一是到本世纪末，使全国绝大多数贫困户年人均纯收入按1990年不变价格计算达到500元以上，扶持贫困户创造稳定解决温饱问题的基础条件，减少返贫人口；二是加强基础设施建设；三是改变文化、教育、卫生的落后状态，把人口自然增长率控制在国家规定的范围内。提出了继续坚持开发式扶贫方针，并明确扶贫开发的基本途径和主要形式以及信贷、财税、经济开发方面的优惠政策，并对资金的管理使用、各部门的任务、社会动员、国际合作、组织与领导作出规定。经过7年的持之以恒的扶贫攻坚，特别是中央和地方的加大投入，到2000年，全国农村没有解决温饱的贫困人口（按1978年标准）减少到了3000万左右，占农村人口比重下降到了3.5%。

科教兴国战略的内涵和意义是什么?

科教兴国战略是党中央、国务院按照邓小平理论和党的基本路线，科学分析和总结世界近代以来特别是当代经济、社会、科技发展趋势和经验，并充分估计未来科学技术特别是高技术发展对综合国力、社会经济结构、人民生活和现代化进程的巨大影响，根据中国国情，为实现社会主义现代化建设三步走的宏伟目标而提出的发展战略。

1995年5月6日颁布的《中共中央国务院关于加速科学技术进步的决定》，首次提出在全国实施科教兴国的战略。5月26—30日的全国科技大会上，江泽民同志指出："科教兴国战略是总结历史决议和根据我国现实情况作出的重大部署，没有强大的科技实力，就没有社会主义现代化。要全面落实科学技术是第一生产力的思想，坚持教育为本，把科技和教育摆在经济、社会发展的重要位置，增强国家的科技实力及实现生产力转化的能力，提高全民族的科技文化素质。"同年，中国共产党第十四届五中全会在关于国民经济和社会发展"九五"计划和2010年远景目标的建设中把实施科教兴国战略列为今后15年乃至整个21世纪加速中国社会主义现代化建设的重要方针之一。

其基本内涵：全面落实科学技术是第一生产力的思想，坚持教育为本，把科技和教育摆在经济、社会发展的重要位置，增强国家的科技实力及向现实生产力转化的能力，提高全民族的科技文化素质，把经济建设移到依靠科技进步和提高劳动者素质的轨道上来，加速实现国家的繁荣强盛。

实施这一战略，就是要全面落实科学技术是第一生产力的思想，把科技和教育摆在经济、社会发展的重要位置，增强国家的科技实力及向现实生产力转化的能力，提高全民族的科技文化素质，把经济建设转移到依靠科技进步和提高劳动者素质轨道上来，有利于促进经济的发展和社会的全面进步，提高人民的物质文化生活水平，实现社会主义的目的、目标，更有利于巩固和发展社会主义制度，实现国家和社会的稳定，有利于增强我国的综合国力，提高我国的国际地位。

为什么说党的十五大是一次承前启后、继往开来的大会？

党的十五大于 1997 年 9 月在北京召开。这次大会是在我国改革开放和社会主义现代化建设发展的关键时刻召开的，是在世纪之交，承前启后，继往开来，保证全党继承邓小平同志遗志，坚定不移地沿着十一届三中全会以来正确路线胜利前进的大会。

江泽民同志作了题为《高举邓小平理论伟大旗帜，把建设有中国特色社会主义事业全面推向二十一世纪》的报告。高举邓小平理论伟大旗帜，是党的十五大的主题，也是党的十五大制定跨世纪发展战略的核心。党的十五大首次使用“邓小平理论”这个科学称谓，把这一理论作为指引党继续前进的旗帜，确立为党的指导思想，并载入党章，明确规定中国共产党以马克思列宁主义、毛泽东思想、邓小平理论作为自己的行动指南。邓小平理论作为马克思主义同当代中国实践和时代特征相结合的产物，是毛泽东思想在新的历史条件下的继承和发展，是当代中国的马克思主义，是马克思主义在中国发展的新阶段，是指导中国人民在改革开放中胜利实现社会主义现代化的正确理论，是马克思主义同中国实际相结合的第二次历史性飞跃所产生的又一理论成果。

党的十五大高举邓小平理论伟大旗帜，总结了我国改革和建设的新经验，把邓小平理论确定为党的指导思想，明确回答了中国改革开放和社会主义现代化建设的一系列重大理论问题和实践问题，提出了党在社会主义初级阶段的基本纲领，从思想上、政治上和组织上为我国实现跨世纪发展提供了重要保证。大会把依法治国确定为治国的基本方略，把坚持公有制为主体、多种所有制经济共同发展，坚持按劳分配为主体、多种分配方式并存，确定为我国在社会主义初级阶段的基本经济制度和分配制度。

党在社会主义初级阶段的基本纲领是什么时间提出的？其内涵是什么？

党的十五大根据邓小平理论和党的基本路线，进一步分析了社会主义初级阶段的基本国情，归纳总结了党的十一届三中全会以来的方针政策和实践经验，提出了党在社会主义初级阶段的基本纲领，进一步阐明了建设有中国特色社会主义的经济、政治、文化的基本特征和基本要求：

建设有中国特色社会主义的经济，就是在社会主义条件下发展市场经济，不断解放和发展生产力。

建设有中国特色社会主义的政治，就是在中国共产党领导下，在人民当家作主的基础上，依法治国，发展社会主义民主政治。

建设有中国特色社会主义的文化，就是以马克思主义为指导，以培育“四有”（有理想、有道德、有文化、有纪律）公民为目标，发展面向现代化、面向世界、面向未来的，民族的科学的大众的社会主义文化。

这三个方面的基本目标、基本政策有机统一，不可分割，构成党在社会主义初级阶段的基本纲领。

邓小平理论的历史地位和重大意义是什么？

党的十五大高举邓小平理论的旗帜，把邓小平理论同马克思列宁主义、毛泽东思想一起作为党的指导思想写入党章。党的十五大对邓小平理论的历史地位和指导意义作了深刻阐述，把邓小平理论作为我们党诞生以来马克思列宁主义同中国实际相结合的两大理论成果之一。

邓小平理论是当代中国的马克思主义，是马克思主义在中国发展的新阶段，是中国特色社会主义理论体系的开创之作。它坚持解放思想、实事求是，在新的实践基础上继承前人又突破陈规，开拓了马克思主义的新境界。它坚持科学社会主义理论和实践的基本成果，抓住“什么是社会主义、怎样建设社会主义”这个根本问题，深刻地揭示了社会主义的本质，把对社会主义的认识提高到新的科学水平。它坚持用马克思主义的宽广眼界观察世界，对当今时代特征和总体国际形势，对世界上其他社会主义国家的成败，发展中国家谋求发展的得失，发达国家发展的态势和矛盾，进行正确分析，作出了新的科学判断。总之，邓小平理论是中国特色社会主义理论体系的奠基之作。它是在和平与发展成为时代主题的历史条件下，在我国改革开放和现代化建设的实践中，在总结我国社会主义胜利和挫折的历史经验并借鉴其他社会主义国家兴衰成败历史经验的基础上，逐步形成和发展起来的，比较系统地初步回答了建设有中国特色社会主义的一系列基本问题，指导党制定了在社会主义初级阶段的基本路线。它是贯通哲学、政治经济学、科学社会主义等领域，涵盖经济、政治、科技教育、文化、民族、军事、外交、统一战线、党的建设等方面比较完备的科学体系，又是需要从各方面进一步丰富发展的科学体系。

国有企业改革的必要性和重要性是什么？

党的十五届四中全会通过的《关于国有企业改革和发展若干重大问题的决定》，是一个跨世纪的战略决策，具有重大的现实意义和深远的历史意义。《决定》以邓小平理论为指导，贯穿了党的十五大精神，全面总结了 20 年来国有企业改革和发展的基本经验，阐明了搞好国有企业改革和发展的重大意义，明确了国有企业改革和发展的指导方针，提出了搞好国有企业改革和发展的一系列重大政策措施。

国有企业改革是一场广泛而深刻的变革。随着我国社会主义市场经济体制的建立，国有企业的体制转换和结构调整进入攻坚阶段，一些深层次矛盾和问题集中暴露出来。由于传统体制的长期影响、历史形成的诸多问题、多年以来的重复建设以及市场环境的急剧变化，相当一部分国有企业还不适应市场经济的要求，经营机制不活，技术创新能力不强，债务和社会负担沉重，富余人员过多，生产经营艰难，经济效益下降，一些职工生活困难，必须采取切实有效的措施解决这些问题。这不仅关系到国有企业改革的成败，也关系到整个经济体制改革的成败。全党既要充分认识推进国有企业改革和发展的重要性和紧迫性，又要清醒地看到这项工作的艰巨性和长期性，锲而不舍地努力，不断取得新的突破。

国有企业是我国国民经济的支柱。发展社会主义社会的生产力，实现国家的工业化和现代化，始终要依靠和发挥国有企业的重要作用。在经济全球化和科技进步不断加快的形势下，国有企业面临着日趋激烈的市场竞争。发展是硬道理。必须敏锐地把握国内外经济发展趋势，切实转变经济增长方式，拓展发展空间，尽快形成国有企业的新优势。

中国政府是如何应对1997年亚洲金融危机的？

1997年夏，亚洲爆发了罕见的金融危机。在素有“金融强盗”之称的美国金融投机商索罗斯等一帮国际炒家的持续猛攻之下，自泰国始，菲律宾、马来西亚、印度尼西亚等东南亚国家的汇市和股市一蹶不振。同时，亚洲金融危机蔓延世界，世界经济受到严重冲击。面对金融危机，党中央提出了“坚定信心，心中有数，未雨绸缪，沉着应付，埋头苦干，趋利避害”的指导方针，果断采取扩大国内需求的措施，实行积极的财政政策和稳健的货币政策，增加投资，加强基础设施建设，同时，增加中低收入者的生活保障，改善人民生活，采取提高出口退税率、打击走私等措施，千方百计增加出口，从多方面拉动经济增长。

中国政府经过多方面权衡，在出口增长率下降、国内需求不振、失业增多和遭遇特大洪涝灾害的情况下，本着高度负责的态度，从维护本地区稳定和发展的大局出发，作出人民币不贬值的决定，承受了巨大压力，付出了很大代价。人民币不贬值的意义：首先，避免货币危机进一步扩大，特别是保护香港的联系汇率制；其次，减轻了已实行货币贬值国家的经济压力，因为如果中国货币贬值，周边国家货币贬值可能带来的出口增长将会受到影响；第三，树立中国负责任的大国形象；第四，人民币不贬值维护了东南亚的经济秩序，对缓解亚洲经济紧张形势、带动亚洲经济复苏发挥了重要作用，充分展示了一个负责任的大国形象。

“走出去”战略的内涵是什么？

这是党中央在世纪之交提出并且实施的对外开放“引进来”和“走出去”相结合的战略。1997 年，在党的十五大上，江泽民同志提出：“更好地利用国内国外两个市场、两种资源，积极参与区域经济合作和全球多边贸易体系，鼓励能够发挥我国比较优势的对外投资。”2001 年《国民经济和社会发展第十个五年计划纲要》明确提出，鼓励能够发挥我国比较优势的对外投资，扩大国际经济技术合作的领域、途径和方式，为实施走出去创造条件，要求努力利用国内外两种资源、两个市场。根据这一部署，我国的对外开放从过去的侧重引进为主，发展为“引进来”和“走出去”相结合，积极参与国际合作。

“引进来”和“走出去”，是我国对外开放基本国策紧密联系、相互促进的两个方面。“引进来”就是积极引进国外资金、先进技术、人才和管理经验，提高我国的经济实力和科技实力，为我国的社会主义现代化建设服务。“走出去”就是要更好地更多地利用国外可以利用的市场和资源，以弥补我国国内资源和市场的不足，更加广泛地开展同世界各国的经济技术合作，更加积极地主动参与经济全球化，加快形成我们自己的大型企业和跨国公司。实现对外开放，这两个方面缺一不可。试想，如果没有“引进来”，我们的产品、技术和管理水平就难以提高，也就不会为“走出去”创造成熟的条件；如果没有“走出去”，就不能开拓更加广阔的世界市场和投资机会，也会制约“引进来”的深入发展。

香港、澳门回归的历史意义是什么？

按照中英两国政府在 1982 年签署的《关于香港问题的联合声明》

和 1987 年中葡两国政府签署的《关于澳门问题的联合声明》，香港和澳门分别在 1997 年 7 月 1 日和 1999 年 12 月 20 日回归祖国。中国政府对香港、澳门恢复行使主权，香港特别行政区和澳门特别行政区正式成立，香港、澳门的发展进入了一个崭新的时代。

香港、澳门回归是中华民族历史上的重大事件，是中国人民在完成祖国统一大业的道路上树立的两座丰碑，也是 20 世纪世界史上的重大事件，它标志着中国国土上彻底结束了外国列强的占领，中国人民洗雪了百年国耻；标志着中国在完成祖国统一大业的道路上迈出了重要一步；同时为国际社会以和平方式解决国家间的历史遗留问题提供了新的范例，是“一国两制”的胜利。20 年来的实践表明，“一国两制”“港人治港”“澳人治澳”、高度自治的方针是正确的，“一国两制”在香港、澳门两个特别行政区的实践是成功的，香港、澳门的繁荣与稳定离不开“一国两制”。

1998 年罕见特大洪涝灾害是如何战胜的？抗洪精神是怎样形成的？

1998 年入汛以来，气候异常，我国长江流域持续大范围的强降雨，引发了长江百年不遇的全流域性大洪水，宜昌以下 360 公里江段和洞庭湖、鄱阳湖的水位，长时间超过历史最高纪录；同时，东北的嫩江、松花江也发生罕见的特大洪水，珠江流域的西江和福建的闽江也一度水位告急。

全党全军全国人民紧急行动起来，团结奋战，力挽狂澜，确保了人民生命财产的安全，使这场特大自然灾害的损失减少到最小程度。围绕着与这场斗争所焕发出的伟大抗洪精神，成为中华民族无比珍贵的精神财富。

1998 年抗洪抢险斗争取得胜利的原因是多方面的，全体抗洪军民和整个中华民族在这场斗争中所展现出来的伟大精神力量，无疑是其中一个极其重要的原因。在特大自然灾害面前，一个人的力量是无法抵挡滔滔洪水的。但是，当伟大的精神力量把全国人民紧紧地凝聚在一起时，就会形成抵御风浪、战胜困难的基础和动力。

1998年9月28日，江泽民同志在全国抗洪抢险总结表彰大会上发表讲话指出："在同洪水的搏斗中，我们的民族和人民展示出了一种十分崇高的精神。这就是万众一心、众志成城，不怕困难、顽强拼搏，坚韧不拔、敢于胜利的伟大抗洪精神。"这是对中华儿女在这场抗洪抢险斗争中所表现出来的伟大精神力量的高度概括和科学总结。

什么是"三讲"教育？"三讲"教育活动有什么意义？

"三讲"指的是讲学习、讲政治、讲正气。1996年，党的十四届六中全会作出决定，对县处级以上领导干部进行一次以讲学习、讲政治、讲正气为主要内容的党性党风教育。1998年11月21日，中共中央印发了《关于在县级以上党政领导班子、领导干部中深入开展以"讲学习、讲政治、讲正气"为主要内容的党性党风教育的意见》，按照中央的要求，采取自上而下的办法，分级分批进行，从1998年底到2000年底，有70万县处级以上领导干部参加了"三讲"教育活动。

"讲学习，讲政治，讲正气"是"三讲"教育三个基本的方面。讲学习，就是要做讲学习的表率，就是要在掌握邓小平建设有中国特色社会主义理论的科学体系和精神实质上，在运用理论解决实际问题上下功夫；讲政治，就是要做讲政治的表率，就是要在全面、正确、积极地贯彻执行党的基本路线和各项方针政策，切实提高工作质量和效果上下功夫；讲正气，就是要做讲正气的表率，就是要在讲党性、讲原则，公正无私，刚直不阿，言行一致，扶正祛邪方面下功夫；讲学习、讲政治、讲正气，三者是紧密相连和相互统一的，核心是讲政治。

"三讲"教育活动，是在新的历史条件下保持党的先进性和纯洁性，提高领导水平和执政水平，增强拒腐防变和抵御风险能力的需要；是从思想上、政治上、组织上、作风上全面推进党的建设，提高干部队伍素质的需要；是我们党团结和带领人民按照党的十五大的战略部署，全面推进建设有中国特色社会主义伟大事业的需要。通过"三讲"教育，广大干部普遍受到一次深刻的马克思主义教育，经受了一次党内政治生活的锻炼，贯彻了党的基本路线和民主集中制原则的自觉性得到提高。

西部大开发的重要意义是什么？西部大开发面临的突出问题是什么？

西部大开发战略是党中央总揽全局、面向新世纪实施的一项重大战略。1999 年党的十五届四中全会明确提出国家要实施西部大开发战略。2000 年，国务院成立了由朱镕基总理为组长的西部开发领导小组。同年 10 月，中共十五届五中全会通过的《中共中央关于制定国民经济和社会发展第十个五年计划的建议》，把实施西部大开发、促进地区协调发展作为一项战略任务，强调："实施西部大开发战略、加快中西部地区发展，关系经济发展、民族团结、社会稳定，关系地区协调发展和最终实现共同富裕，是实现第三步战略目标的重大举措。"西部大开发是一个全局性的发展战略，有着极其深远的经济、政治、社会等方面的战略意义。2001 年 3 月，九届全国人大四次会议通过的《中华人民共和国国民经济和社会发展第十个五年计划纲要》对实施西部大开发战略再次进行了具体部署。

西部大开发面临的一个突出问题就是生态环境的保护和治理。西部地区不仅是我国河川和植被的重要发源地、国家生态屏障之所在，而且也是我国生态最为脆弱的地区，更是决定我国能否实现生态平衡和可持续性发展最为敏感的地区。如果西部地区的生态环境恶化，不仅使当地无法持续发展，而且直接影响中下游地区的经济发展。因此，解决我国的生态平衡和可持续发展问题必须开发西部，只有在开发中才能重整山河，才能真正维系西部的生态平衡，才能从根本上解决整个中国的可持续发展问题。

上海合作组织成立的作用和意义是什么？

上海合作组织，简称上合组织，是中华人民共和国、哈萨克斯坦共和国、吉尔吉斯斯坦共和国、俄罗斯联邦、塔吉克斯坦共和国、乌兹别克斯坦共和国于 2001 年 6 月 15 日在中国上海宣布成立的永久性政府间国际组织，其前身是 1996 年中国与俄罗斯、哈萨克斯坦、吉尔吉斯斯坦、塔吉克斯坦五国建立的“上海五国机制”。

上海合作组织是第一个由中国参与推动并以中国城市命名的地区性合作组织，其合作宗旨是：加强成员国之间的互相信任与睦邻友好；鼓励成员国在政治、经济、科技、文化、教育、能源、交通、环保和其他领域的有效合作；联合致力于维护和保障地区的和平、安全与稳定；建立民主、公正、合理的国际政治经济新秩序。它首倡以相互信任、裁军和合作安全为内涵的新型安全观，提供以大小国家共同倡导、安全先行、互利协作为特征的新型区域合作模式，上海合作组织进程中形成的以“互信、互利、平等、协商、尊重多样文明、谋求联合发展”为基本内容的“上海精神”，是当代国际关系中重要的外交实践。

上海合作组织奉行不结盟、不针对其他国家和地区及对外开放的原则，愿与其他国家及有关国际和地区组织开展各种形式的对话、交流与合作，在促进并深化成员国之间睦邻互信与友好关系、巩固地区安全和稳定、促进联合发展方面发挥着积极作用。上海合作组织的建立和发展顺应了冷战结束后人类要求和平与发展的历史潮流，展示了不同文明背景、传统文化差异的国家上海合作组织通过互尊互信实现和平共处、团结合作的巨大潜力。

中国加入 WTO 坚持的三原则是什么？加入 WTO 对中国发展的重大意义有哪些？

2001 年 12 月 1 日，中国正式成为世贸组织（WTO）的第 143 名成员。

中国在长达 15 年之久的复关谈判中坚持的三项原则是：第一，世贸组织既然是一个国际组织，没有中国这个最大的发展中国家的参加是不完整的。第二，中国只能作为一个发展中国家参加。第三，中国加入世贸组织，其权利和义务一定要平衡。

加入世界贸易组织是我国改革开放进程中具有历史意义的一件大事，也是进一步推进全方位、多层次、宽领域对外开放的重要契机。中国加入世界贸易组织，融入世界经济体系，享受多边贸易带来的好处，发展本国的优势，促进国家发展，有利于维护我国的经济利益，有利于推进我国经济体制改革，更有利于扩大出口贸易、引进外资、促进技术进步、扩大就业等，使中国经济在全球化进程中获得参与制定规则和竞争的有利位置，对我国经济体制改革和现代化建设产生深刻的积极影响，标志着我国对外开放进入一个新的历史阶段。

“三个代表”重要思想是何时创立的？主要内涵是什么？

“三个代表”重要思想，即中国共产党始终代表中国先进生产力的发展要求，代表中国先进文化的前进方向，代表中国最广大人民的根本利益。十三届四中全会以来，以江泽民同志为主要代表的中国共产党人，在建设中国特色社会主义的实践中，加深了对什么是社会主义、怎样建设社会主义和建设什么样的党、怎样建设党的认识，积累了治党治国新的宝贵经验，形成了“三个代表”重要思想。

2000 年 2 月 20 日，江泽民同志在出席广东省高州市领导干部“三讲”教育会议发表的重要讲话中提出了“五个始终”的要求，之后在广东的考察中完整提出了“三个代表”重要思想。2001 年 7 月 1 日在庆祝中国共产党成立八十周年大会上，江泽民同志系统阐述了“三个代表”重要思想的科学内涵。

“三个代表”重要思想是在科学判断党的历史方位基础上形成的，当今世界局势的深刻变化和我国改革开放现代化建设中发生的极大变化，是“三个代表”重要思想形成的历史根据和现实依据。“三个代表”重要思想的形成，是对马克思列宁主义、毛泽东思想、邓小平理论的继承和发展，反映了当代世界和中国的发展变化对党和国家工作的新要求，是加强和改进党的建设、推进我国社会主义自我完善和发展的强大理论武器，是中国共产党集体智慧的结晶，是党必须长期坚持的指导思想。始终做到“三个代表”，是我们党的立党之本、执政之基、力量之源。

什么是“南水北调”？其重要意义有哪些？

“南水北调”即“南水北调工程”，是中华人民共和国的战略性工程，简单地说就是从中国南方将长江水调往北方以解决北方缺水的问题，这项工程分东、中、西三条线路，东线工程起点位于江苏扬州江都水利枢纽；中线工程起点位于汉江中上游丹江口水库，供水区域为河南、河北、北京、天津四个省（市）。

工程方案构想始于 1952 年毛泽东视察黄河时提出：“南方水多，北方水少，如有可能，借点水来也是可以的。”这也是南水北调的宏伟构想的首次提出。1958 年 8 月，《中共中央关于水利工作的指示》颁布，第一次正式提出南水北调。1979 年，五届全国人大一次会议通过的《政府工作报告》正式提出：“兴建把长江水引到黄河以北的南水北调工程”。2002 年 10 月 10 日，中共中央政治局常务委员会会议审议并通过了经国务院同意的《南水北调工程总体规划》。2002 年 12 月 27 日，南水北调工程正式开工。2014 年 12 月 12 日下午，长 1432 公里、历时 11 年建设的南水北调中线正式通水，长江水正式进京。

作为新中国的战略性工程，跨流域调水工程是人类运用现代科学技术，改造自然，改变人类生存环境，保护生态平衡和促进经济发展的伟大壮举。南水北调工程的兴建对华北的经济环境、生态环境以及社会环境都将带来巨大的改善，不仅有利于缓解水资源短缺对北方地区城市化发展的制约，促进当地城市化进程，而且并带动全国经济和社会的持续发展与稳定，具有深远的战略意义。

世纪之交召开的党的十六大主题是什么？意义是什么？

2002 年 11 月 8—14 日，党的十六大在北京举行。党的十六大是党在新世纪召开的第一次全国代表大会。大会的主题是：高举邓小平理论伟大旗帜，全面贯彻“三个代表”重要思想，继往开来，与时俱进，全面建设小康社会，加快推进社会主义现代化，为开创中国特色社会主义事业新局面而奋斗。围绕这一主题，江泽民同志在《全面建设小康社会，开创中国特色社会主义事业新局面》的报告中，明确回答了新世纪新阶段中国共产党举什么旗、走什么路、实现什么样的发展目标等重大问题。

党的十六大是我们党在新世纪召开的第一次代表大会，也是我们党在开始实施社会主义现代化建设第三步战略部署的新形势下召开的一次十分重要的代表大会。大会着眼于党的兴旺发达和国家长治久安，顺利实现了中央领导集体的新老交替。这是一次团结的大会、胜利的大会、奋进的大会。大会通过的政治报告，是我们党在新世纪新阶段的政治宣言和行动纲领。大会通过的党章修正案，把“三个代表”重要思想和马克思列宁主义、毛泽东思想、邓小平理论一道确立为党的指导思想，进一步明确了新形势下加强和改进党的建设的根本要求。这次大会极大地统一了全党的思想，极大地鼓舞了全党和全国各族人民，与时俱进、开拓创新，信心百倍地把中国特色社会主义伟大事业继续推向前进。

什么是“非典”？它给我们的启示是什么？

“非典”（传染性非典型肺炎，又叫严重急性呼吸综合征，世界卫生组织将其命名为Severe Acute Respiratory Syndrome，简写SARS，即严重急性呼吸综合征）。2002 年 11 月 6 日，我国广州佛山发现第一例“非典”病例，2003 年春季，“非典”更是来势凶猛，迅速蔓延。党中央、国务院领导全国人民同这场突发性重大灾害进行了英勇、顽强的斗争，国务院迅速将“非典”防治工作放在突出重要位置，多次召开常务会议进行专门研究和部署，决定把“非典”列入法定传染病进行依法管理，每天向世界卫生组织通报情况，并向社会公布疫情。国务院向各地派出防治“非典”督查组，政府各部门和各地全力以赴防治“非典”。由于党中央国务院和各级政府采取有力措施，医护人员全力救治，有效地控制了“非典”疫情，6 月 24 日，世界卫生组织宣布解除对北京的旅行警告，终于取得了抗击“非典”的阶段性胜利。

“非典”的发生和蔓延，是一场突发性的灾害，但由此引起党和政府对影响经济社会发展的突出矛盾和问题的思考。在抗击“非典”的实践中，我们比过去任何时候都更加深刻地认识到，我国发展方式存在问题：社会发展程度明显赶不上经济发展程度，医疗卫生事业和整个社会发展滞后，对人民健康的保障程度不足，应对公共卫生危机的能力不足，发展过程中出现了经济发展一条腿长、社会发展一条腿短的问题。由此，党中央开始审视发展观的问题。2003 年 7 月 28 日，胡锦涛同志在全国防治“非典”工作会议上总结了抗击“非典”的重要启示，首次提出了科学发展观的概念：“发展绝不只是指经济增长，而是要坚持以经济建设为中心，在经济发展的基础上实现社会全面发展。我们要更好地坚持全面发展、协调发展、可持续发展的发展观。”

完善社会主义市场经济体制的奋斗目标、主要任务和具体办法是什么?

2003 年 10 月 14 日，中共十六届三中全会通过中共中央《关于完善社会主义市场经济体制若干问题的决定》，提出了完善社会主义市场经济体制的奋斗目标、主要任务和具体办法。

奋斗目标是：按照统筹城乡发展、统筹区域发展、统筹经济社会发展、统筹人与自然和谐发展、统筹国内发展和对外开放的要求，更大程度地发挥市场在资源配置中的基础性作用，增强企业活力和竞争力，健全国家宏观调控，完善政府社会管理和公共服务职能，为全面建设小康社会提供强有力的体制保障。

主要任务是：完善公有制为主体、多种所有制经济共同发展的基本经济制度，建立有利于逐步改变城乡二元经济结构的体制，形成促进区域经济协调发展的机制，建设统一、开放、竞争、有序的现代市场体系，完善宏观调控体系、行政管理体制和经济法律制度，健全就业、收入分配和社会保障制度，建立促进经济社会可持续发展的机制。

具体办法是：进一步巩固和发展公有制经济，鼓励、支持和引导非公有制经济发展，完善国有资产管理体制，深化国有企业改革和农村改革，完善农村经济体制市场体系，规范市场秩序，继续改善宏观调控，加快转变政府职能，完善财税体制，深化金融改革，深化涉外经济体制改革，全面提高对外开放水平，推进就业和分配体制改革，完善社会保障体系，深化科技教育文化卫生体制改革，提高国家创新能力和国民整体素质，深化行政管理体制改革，完善经济法律制度，加强和改善党的领导，为完善社会主义市场经济体制而奋斗。

“神舟五号”成功发射的意义是什么？

2003 年 10 月 15 日 9 时整，在酒泉卫星发射中心，我国“长征二号 F 型”捆绑式大推力运载火箭托举着“神舟五号”载人飞船，将航天员杨利伟及一面具有特殊意义的中国国旗送入太空。此次是长征系列运载火箭第 71 次发射，也是继 1996 年 10 月以来，我国航天发射连续第 29 次获得成功。9 时 10 分，船箭分离，“神舟五号”载人飞船准确进入预定轨道。2003 年 10 月 16 日 6 时 28 分返回。

这次发射成功标志着中国成为苏联（俄罗斯）和美国之后的第三个将人类送上太空的国家。它标志着我国在航天技术上的又一座里程碑，是我国人民攀登世界科技高峰的又一个伟大壮举，它表明我国在航天科技方面走在了世界前列。

什么是党的执政能力？其紧迫性和重要性是什么？

党的执政能力，就是党提出和运用正确的理论、路线、方针、政策和策略，领导制定和实施宪法和法律，采取科学的领导制度和领导方式，动员和组织人民依法管理国家和社会事务、经济和文化事业，有效治党治国治军，建设社会主义现代化国家的本领。

2004 年党的十六届四中全会通过了《关于加强党的执政能力建设的决定》，开宗明义阐述了加强党的执政能力建设的迫切性和重要性，加强党的执政能力建设，是时代的要求、人民的要求。进入新世纪新阶段，国际局势发生新的深刻变化，世界多极化和经济全球化的趋势继续在曲折中发展，科技进步日新月异，综合国力竞争日趋激烈，各种思想文化相互激荡，各种矛盾错综复杂，敌对势力对我国实施西化、分化的战略图谋没有改变，我们仍面临发达国家在经济、科技等方面占优势的压力。我国改革发展处在关键时期，社会利益关系更为复杂，新情况新问题层出不穷。在机遇和挑战并存的国内外条件下，我们党要带领全国各族人民全面建设小康社会，实现继续推进现代化建设、完成祖国统一、维护世界和平与促进共同发展这三大历史任务，必须大力加强执政能力建设。

党的执政能力是关系中国社会主义事业兴衰成败、关系中华民族前途命运、关系党的生死存亡和国家长治久安的重大战略课题。只有不断解决好这一课题，才能保证我们党在世界形势深刻变化的历史进程中始终走在时代前列，在应对国内外各种风险和考验的历史进程中始终成为全国人民的主心骨，在建设中国特色社会主义的历史进程中始终成为坚强的领导核心。可以说，它体现中国共产党对新的历史方位和历史使命的清醒认识、科学判断和高度自觉，是中国共产党作为一个执政党不断走向成熟的重要标志。

科学发展观提出的背景是什么？其基本内涵和意义是什么？

科学发展观是在准确把握世界发展趋势、认真总结我国发展经验、深入分析我国发展阶段性特征的基础上提出的。进入 21 世纪后，我国面临的仍将是一个总体上有利于我国发展，但不利因素也可能增多的环境。抓住机遇、应对挑战、加快发展，就要把中国的发展放在世界的大局中来思考，发挥比较优势，把握有利条件，扬长避短，趋利避害，努力取得发展的主动权。科学发展观反映了当代最新的发展理念，顺应了当今世界的发展潮流，是对人类社会发展经验的深刻总结和高度概括。特别是 2003 年的“非典”疫情发生，引起了实现什么样的发展、怎么样发展的问题思考。

2003 年 4 月，胡锦涛同志在对广东考察时提出要坚持科学发展观，2003 年 10 月党的十六届三中全会通过的《关于完善社会主义市场经济体制若干问题的决定》中第一次在党的文件中完整提出了科学发展观。2004 年 2 月在中央党校举办的省部级主要领导干部树立和落实科学发展观专题研讨班上和3月中央人口资源环境工作座谈会上，胡锦涛同志对科学发展观做了进一步阐述，对科学发展观的核心要义、基本要求和指导意义做了全面阐述。科学发展观的基本内涵是：坚持以人为本，树立全面、协调、可持续的发展观，促进经济社会和人的全面发展，具体说包含以下五个方面：坚持以人为本，是科学发展观的核心内容；促进全面发展，是科学发展观的重要目的；保持协调发展，是科学发展观的基本原则；实现可持续发展，是科学发展观的重要体现；实行统筹兼顾，是科学发展观的总体要求。

科学发展观是我们党坚持把马克思主义基本原理同中国具体实践相结合，在新中国成立以来特别是改革开放以来不懈奋斗的基础上，继续拓展中国特色社会主义实践、探索中国特色社会主义规律取得的重大理论成果，既坚持和贯穿了马克思主义立场观点方法，又根据新的实践和时代发展推进了马克思主义中国化。

把科学发展观确立为党的指导思想，是中国特色社会主义事业发展的必然要求。党的十七大把科学发展观写入党章，党的十八大对科学发展观作了精辟阐述和高度评价，把科学发展观同马克思列宁主义、毛泽东思想、邓小平理论、“三个代表”重要思想一起，确立为党必须长期坚持的指导思想。

开展保持共产党员先进性教育活动的基本要求和意义是什么?

根据党的十六大和十六届四中全会精神，为进一步加强党的执政能力建设，全面推进党的建设新的伟大工程，确保党始终走在时代前列，更好地肩负起历史使命，2004 年 11 月 7 日，中共中央下发了《中共中央关于在全党开展以实践“三个代表”重要思想为主要内容的保持共产党员先进性教育活动的意见》，决定从 2005 年 1 月开始，用一年半左右的时间，在全党开展以实践“三个代表”重要思想为主要内容的保持共产党员先进性教育活动。中央强调，先进性教育活动以实践“三个代表”重要思想为主线，全面落实科学发展观，以学习贯彻党章为重点，着眼于取得实效和群众满意，在提高党员素质、加强基层组织、服务人民群众、促进各项工作上狠下功夫。这次先进性教育活动，历时一年半，到2006年6月基本结束。根据中央的统一部署和总体安排，全党的先进性教育活动共分三批进行，每批半年左右的时间。

2005年1月14日，胡锦涛同志在新时期保持共产党员先进性专题报告会上指出，要深刻理解和准确把握新时期共产党员保持先进性的基本要求：一是要坚持理想信念，坚定不移地为建设中国特色社会主义而奋斗；二是要坚持勤奋学习，扎扎实实地提高实践“三个代表”重要思想的本领；三是要坚持党的根本宗旨，始终不渝地做到立党为公、执政为民；四是要坚持勤奋工作，兢兢业业地创造一流的工作业绩；五是要坚持遵守党的纪律，身体力行地维护党的团结统一；六是要坚持“两个务必”，永葆共产党人的政治本色。

保持共产党员先进性教育活动是中国共产党在新的历史条件下用发展着的马克思主义武装全党的一项重大举措，是加强党的执政能力建设和先进性建设的一次成功实践。这次活动取得了显著成效。一是广大党员受到了一次深刻的马克思主义教育；二是基层党组织的创造力、凝聚力、战斗力进一步提高；三是党组织和党员服务群众的行动更加自觉，党员干部的作风进一步改进；四是各地区各部门按照科学发展观的要求，进一步理清了发展思路，努力解决影响改革发展稳定的一些主要问题，积极促进经济社会又快又好发展；五是各级党组织进一步推动了保持共产党员先进性长效机制建设；六是各级党组织认真总结先进性教育活动的成功实践和党的先进性建设的历史经验，深入研究党的先进性建设规律，丰富了党的先进性建设理论。

中国共产党和中国国民党的主要领导人首次举行会谈的重大意义是什么？

2005年4月29日，中共中央总书记胡锦涛和中国国民党主席连战在北京举行正式会谈，双方就促进两岸关系改善和发展的重大问题及两党交往事宜，广泛而深入地交换了意见。会谈中两党共同体认到坚持“九二共识”，促进两岸同胞的交流与往来，和平与发展是21世纪的潮流。会谈后国共两党发布了《中国共产党总书记胡锦涛与中国国民党主席连战会谈新闻公报》。

这一次两党历史性会谈，具有重要的历史意义和现实意义。在这样的形势下，两党的领导人坐在一起，就发展两岸关系和两党交往的重大问题开诚布公地进行对话交流，这是两党正视现实、开创未来的重要标志。为了中华民族的根本利益和两岸同胞的福祉，基于认同“九二共识”、反对“台独”的立场，共同致力于维护台海和平稳定，促进两岸关系发展，谋求中华民族的伟大复兴，是新的时代背景下我们两党交往的政治基础，也是两党的共同主张。这符合两岸同胞的期待，也顺应中国和世界发展的潮流。要向世界表明两岸的中国人有能力、有智慧解决彼此的矛盾和问题，共同争取两岸关系和平、稳定、发展的前景，共同开创中华民族的伟大振兴。

这是 60 年来国共两党主要领导人的首次会谈，对于恢复两党关系具有开创性意义，对于开通中国共产党与台湾地区其他党派的往来具有引领作用。

什么是载人航天精神?

2005 年 10 月 17 日，我国自主研制的神舟六号载人飞船顺利返回。神舟六号载人航天飞行圆满成功，标志着我国在发展载人航天技术、进行有人参与的空间试验活动方面取得了又一个具有里程碑意义的重大胜利，是中国人民攀登世界科技高峰的又一伟大壮举，是我国改革开放和现代化建设取得的又一骄人成就，是伟大祖国的荣耀。

11 月 7 日，胡锦涛同志在庆祝我国首次载人航天飞行圆满成功大会上指出，在长期的奋斗中，我国航天工作者不仅创造了非凡的业绩，而且铸就了“特别能吃苦、特别能战斗、特别能攻关、特别能奉献”的载人航天精神。

载人航天是世界高新科技中最具挑战性的领域之一。我国载人航天工程在起步晚、基础弱、技术门槛高的情况下启动，仅用 20 多年就敲开了建设空间站的大门。这不仅是航天技术快速发展的成果，更依赖于一种强大的精神动力，这就是广大航天人在夜以继日的“攀高峰”“啃骨头”过程中铸就的“特别能吃苦、特别能战斗、特别能攻关、特别能奉献”的载人航天精神。载人航天精神是以爱国主义为核心的民族精神和以改革创新为核心的时代精神的生动体现，是我国航天事业发展的内生动力。载人航天事业能在短时间内取得如此历史性成就，离不开这种精神力量的推动。

建设社会主义新农村的内涵和要求是什么？

建设社会主义新农村，是在全面建设小康社会的关键时期、我国总体上经济发展已进入以工促农以城带乡的新阶段、以人为本与构建和谐社会理念深入人心的新形势下，中央作出的又一个重大决策。社会主义新农村建设是指在社会主义制度下，按照新时代的要求，对农村进行经济、政治、文化和社会等方面的建设，最终实现把农村建设成为经济繁荣、设施完善、环境优美、文明和谐的社会主义新农村的目标。

2005年10月，中共十六届五中全会通过的《关于制定国民经济和社会发展第十一个五年规划的建议》，提出要按照“生产发展、生活富裕、乡风文明、村容整洁、管理民主”的要求，扎实推进社会主义新农村建设。其中，生产发展，是新农村建设的中心环节。

建设社会主义新农村，是贯彻落实科学发展观的重大举措，是确保我国现代化建设顺利推进的必然要求，是全面建设小康社会的重点任务，建设惠及十几亿人口的更高水平的小康社会重点在农村，难点也在农村。同时，建设社会主义新农村，是保持国民经济平稳较快发展的持久动力，是构建社会主义和谐社会的重要基础。

什么是资源节约型、环境友好型社会？

2005年10月，中共十六届五中全会明确提出，要加快建设资源节约型、环境友好型社会，大力发展循环经济，实现经济社会的可持续发展。建设资源节约型社会，是指在生产、流通、消费等领域，通过采取法律、经济和行政等综合性措施，提高资源利用效率，以最少的资源消耗获得最大的经济和社会收益，保障经济社会的可持续发展。建设环境友好型社会，是指以环境承载能力为基础，以遵循自然规律为核心，以绿色科技为动力，倡导环境文化和生态文明，构建经济社会协调发展的社会体系。

这一方针的制定，是科学发展观的内在要求，是构建社会主义和谐社会的重要内容，也是全面建设小康社会的基本保证，是中共中央针对全球经济发展的新态势和我国经济发展的实际情况提出的一项具有深远战略意义的重大决策。

什么是创新型国家？建设创新型国家的意义是什么？

创新型国家是指那些将科技创新作为基本战略，大幅度提高科技创新能力，形成日益强大竞争优势的国家，是以技术创新为经济社会发展核心驱动力的国家。

中共十六届五中全会通过的《关于制定国民经济和社会发展第十一个五年规划的建议》正式制定了建设创新型国家的任务。2006 年 1 月 9 日，胡锦涛同志在全国科学技术大会上发表《坚持走中国特色自主创新道路，为建设创新型国家而努力奋斗》的讲话，对此作了更加全面系统的阐述。建设创新型国家的决策是建立在科学分析我国基本国情和全面判断我国战略需求的基础之上的，也是建立在充分发挥我国社会主义制度的政治优势和充分发挥我国已经拥有的经济科技实力的基础之上的，是事关社会主义现代化建设全局的重大战略决策，对实现全面建设小康社会的宏伟目标，开创中国特色社会主义事业新局面，具有重要的意义。

青藏铁路建成通车的重要意义是什么？

经过几十年努力，青藏铁路于 2006 年 7 月 1 日建成通车运营。这条世界上海拔最高、线路最长、穿越冻土里程最长的高原铁路——青藏铁路全线建成，结束了西藏自治区没有铁路的历史。这条铁路建设条件极其艰苦和困难，工程建设面临着多年冻土、高寒缺氧、生态脆弱三大世界级工程技术难题。建设青藏铁路，是党中央国务院从推进西部大开发、实现我国各民族共同繁荣发展的大局出发作出的一项重大决策。青藏铁路的建成扩大了铁路对西部地区的覆盖，强化了西部大开发的基础设施，这对于青藏两省区加快经济社会发展、改善各族群众生活，对于增进民族团结和巩固祖国边防，都具有十分重大的意义。

什么是和谐社会？构建和谐社会的基本任务和基本原则是什么？

社会和谐是中国特色社会主义的本质属性，是国家富强、民族振兴、人民幸福的重要保证。我们构建的和谐社会是：民主法治、公平正义、诚信友爱、充满活力、安定有序、人与自然和谐相处的社会。

实现社会和谐，建设美好社会，始终是人类孜孜以求的一个社会理想，也是包括中国共产党在内的马克思主义政党不懈追求的社会理想和奋斗目标。作为重大战略目标，是在我国对内加快工业化、城镇化，对外迎接经济全球化挑战的背景下，在国家经济出现经济成分、组织形式、就业方式、利益关系和分配方式日益多样化的背景下提出来的。

2006年党的十六届六中全会通过的《中共中央关于构建社会主义和谐社会若干重大问题的决定》，具体地规划了2020年前构建社会主义和谐社会的目标和主要任务：社会主义民主法制更加完善，依法治国基本方略得到全面落实，人民的权益得到切实尊重和保障；城乡、区域发展差距扩大的趋势逐步扭转，合理有序的收入分配格局基本形成，家庭财产普遍增加，人民过上更加富足的生活；社会就业比较充分，覆盖城乡居民的社会保障体系基本建立；基本公共服务体系更加完备，政府管理和服务水平有较大提高；全民族的思想道德素质、科学文化素质和健康素质明显提高，良好道德风尚、和谐人际关系进一步形成；全社会创造活力显著增强，创新型国家基本建成；社会管理体系更加完善，社会秩序良好；资源利用效率显著提高，生态环境明显好转；实现全面建设惠及十几亿人口的更高水平的小康社会的目标，努力形成全体人民各尽其能、各得其所而又和谐相处的局面。

构建社会主义和谐社会，要遵循以下原则：必须坚持以人为本，必须坚持科学发展，必须坚持改革开放，必须坚持民主法治，必须坚持正确处理改革发展稳定的关系，必须坚持在党的领导下全社会共同建设。

什么是区域协同发展总体战略？

区域协同发展总体战略，就是要统筹区域发展，发挥各个地区的优势和积极性，逐步形成东中西部互相促进、优势互补、共同发展的新格局。

我们党历来高度重视区域协调发展问题。从20世纪50年代提出处理好沿海工业和内地工业关系、到20世纪80年代提出“两个大局”战略构想、到世纪之交作出实施西部大开发战略的重大决策，再到党的十六大以来作出振兴东北地区等老工业基地、促进中部地区崛起和支持东部地区率先发展等重要部署，作为中共十六届三中全会提出的“五个统筹”之一，其具体内容为：积极推进西部大开发，振兴东北地区等老工业基地，促进中部地区崛起，鼓励东部地区率先发展，继续发挥各个地区的优势和积极性，通过健全市场机制、合作机制、互助机制、扶持机制，逐步扭转区域发展差距拉大的趋势，形成东中西相互促进、优势互补、共同发展的新格局。

党的十八大以来，以习近平同志为核心的党中央提出了创新、协调、绿色、开放、共享的新发展理念，实施了京津冀协同发展、长江经济带建设等引领区域发展的重大战略，要求采取有效措施，创新区域发展政策，完善区域发展机制，促进区域协调、协同、共同发展，努力缩小区域发展差距，特别是加大力度支持革命老区、民族地区、边疆地区、贫困地区加快发展，强化举措推进西部大开发形成新格局，深化改革加快东北等老工业基地振兴，发挥优势推动中部地区崛起，创新引领率先实现东部地区优化发展，建立更加有效的区域协调发展新机制。2018年11月，出台《中共中央国务院关于建立更加有效的区域协调发展新机制的意见》。

实施区域协调发展战略，是习近平新时代中国特色社会主义思想和基本方略的重要组成部分，是贯彻新发展理念、建设现代化经济体系的重要内容，是新时代推动我国区域发展的总体战略部署，将为国民经济持续健康发展、全面建成小康社会和开启全面建设社会主义现代化国家新征程做出新贡献。

农业税是何时废除的？其意义是什么？

农业税是国家对一切从事农业生产、有农业收入的单位和个人征收的一种税，俗称“公粮”。1958 年 6 月 3 日，第一届全国人民代表大会常务委员会第 96 次会议通过《中华人民共和国农业税条例》规定，“为了保证国家社会主义建设，并有利于巩固农业合作化制度，促进农业生产发展”，从事农业生产、有农业收入的单位和个人都要缴纳（除特殊规定外），全国的平均税率规定为常年产量的 15.5%。2005 年 12 月 29 日，十届全国人大常务委员会第 19 次会议决定《中华人民共和国农业税条例》自 2006 年 1 月 1 日起废止。这标志着新中国实施了近 50 年的农业税条例将成为历史档案。

农业税的取消，终结了中国历史上存在了 2000 多年的“皇粮国税”，给亿万农民带来了看得见的物质利益，多少年来农民负担重的状况得到根本性改变。这极大地调动了农民的积极性，又一次解放了农村生产力，同时带动农村生产关系和上层建筑某些环节的调整，推动农村经济的快速发展和农村社会的和谐进步。农业税的取消，标志着我国农村改革进入了一个新的阶段。

什么是人才强国战略？

人才强国战略是改革开放以来党和国家实施的一项战略，是全面建成小康社会和实现中华民族伟大复兴的重要保证。

改革开放以后，邓小平倡导尊重劳动、尊重人才，党的十六大把“两个尊重”发展为“三个尊重”，即尊重劳动、尊重知识、尊重人才和尊重创造。2003 年 12 月中央召开全国人才工作会议，通过了《中共中央公务员关于进一步加强人才工作的决定》。2006 年，十届全国人大四次会议审议批准的“十一五”规划纲要明确提出，推进人才强国战略。2007 年 10 月党的十七大把人才强国战略与科教兴国战略、可持续发展战略确立为经济社会发展的三大战略，并写进了党章。由此，人才强国战略的实施进入了全面推进的新阶段。

人才强国战略的工作重心是建设“人才资源强国”，充分发挥人才的作用。全面建设小康社会和实现中华民族的伟大复兴，都必须有“人才资源强国”作支撑，充分发挥人才的作用。因此，大力实施人才强国战略的工作重心应当落在“人才资源强国”的建设和充分发挥人才的作用上，要调动各方面的积极性，通过各种途径，大力开发人才资源，加快中国从人口大国向人才资源强国转变的进程，努力造就一支规模宏大、素质优良、结构合理、活力旺盛，既能满足中国经济社会发展的需要，又能参与国际竞争的人才大军，为实现新世纪我国经济社会发展的宏伟目标提供坚强有力的人才保证。

人才强国战略作为一项国家的重大战略，有着丰富而深刻的科学内涵。人才强国战略的提出和实施，解决了中国人才资源发展的指导思想、方针原则、战略目标与重大问题，为中国人力资源开发提供了思想保证、组织保证和制度保证，是改革开放 40 年来中国经济社会科学发展鸿篇巨制中的一个壮丽篇章。

中共十七大召开的重要意义是什么?

2007 年 10 月 15 日至 21 日，党的十七大在北京召开。大会主题是：高举中国特色社会主义伟大旗帜，以邓小平理论和“三个代表”重要思想为指导，深入贯彻落实科学发展观，继续解放思想，坚持改革开放，推动科学发展，促进社会和谐，为夺取全面建设小康社会新胜利而奋斗。

大会全面总结了过去 5 年工作和改革开放近 30 年的伟大历程、巨大成就和宝贵经验，对举什么旗、走什么路这一根本问题作出明确回答，对实现全面建设小康社会的宏伟目标作出全面部署，提出更高要求，以改革创新精神对全面推进党的建设新的伟大工程作出明确要求。

党的十七大在新的历史起点上，提出实现全面建设小康社会奋斗目标的新要求，从思想上、政治上、组织上为夺取全面建设小康社会新胜利、不断开创中国特色社会主义事业新局面提供了保证，具有十分重要的指导作用和重大的战略意义。

中共十七大重大的理论贡献是什么?

这次大会重大理论贡献是，创造性地提出并深刻阐述了中国特色社会主义理论体系，对科学发展观的时代背景、科学内涵和精神实质进行了深刻阐述，将科学发展观写入了党章。

中共十七大对中国特色社会主义理论体系作了概括：中国特色社会主义理论体系，就是包括邓小平理论、“三个代表”重要思想以及科学发展观等重大战略思想在内的科学理论体系。这个理论体系，坚持和发展了马克思列宁主义、毛泽东思想，凝结了几代中国共产党人带领人民不懈探索实践的智慧和心血，是马克思主义中国化的最新成果，是党最可宝贵的政治和精神财富，是全国各族人民团结奋斗的共同思想基础。中国特色社会主义理论体系是不断发展的开放的理论体系。

同时，对科学发展观产生的时代背景、科学内涵、精神实质和根本要求进行了全面、系统的阐述。科学发展观，是对党的三代中央领导集体关于发展的重要思想的继承和发展，是马克思主义关于发展的世界观和方法论的集中体现，是同马克思列宁主义、毛泽东思想、邓小平理论和“三个代表”重要思想既一脉相承又与时俱进的科学理论，是我国经济社会发展的重要指导方针，是发展中国特色社会主义必须坚持和贯彻的重大战略思想。

中共十七大把邓小平理论、“三个代表”重要思想和科学发展观等重大战略思想统一于中国特色社会主义理论体系，并把科学发展观写入党章，充分体现了党对中国特色社会主义发展规律的认识的深化，对于建成和发展中国特色社会主义具有重大而深远的意义。

中共十七大对全面建设小康社会目标提出的五个新要求是什么？

党的十七大深刻分析国内外形势变化和新世纪新阶段我国发展的一系列新的阶段性特征，对全面建设小康社会的宏伟目标提出了更高的要求：一是要增强发展的协调性，努力实现经济又好又快发展。二是要扩大社会主义民主，更好地保障人民权益和实现社会公平正义。三是要加强文化建设，努力提高全民族文明素质。四是加快发展社会事业，全面改善人民生活。五是建设生态文明，基本形成节约能源资源和保护环境的产业结构、建设方式和消费模式。

汶川奇迹是如何创造的？抗震救灾精神是什么？

2008 年 5 月 12 日 14 时 28 分 04 秒，四川汶川发生特大地震，地震波及大半个中国，造成 6.9 万人遇难，1.8 万人失踪，受灾群众达 1510 万多人。这次地震灾情主要发生在地质结构十分复杂的大山区，地震引发大量山体滑坡、泥石流，导致交通中断，通信中断，救援力量一时难以上去，受伤人员难以尽快运出，救援工作极其困难。

在党中央、国务院、中央军委领导下，我国迅速组织起历史上救援速度最快、动员范围最广、投入力量最多的抗震救灾活动。党中央果断决策、沉着应对，全国人民万众一心、众志成城，人民子弟兵舍生忘死、冲锋在前，涌现出无数感天动地、可歌可泣的英雄事迹，社会主义制度珍爱生命、保护人民的本质得到充分彰显，全国各地区各部门和社会各界大力发扬“一方有难、八方支援”的精神，调集大批人力、物力、财力支援灾区抗震救灾，向灾区人民送温暖、献爱心。

在夺取抗震救灾斗争重大胜利后，党和政府迅速制定灾区灾后恢复重建计划，决定用三年时间完成灾后恢复重建任务，并动员全国力量实行对口支援。港澳台同胞和海外侨胞也以各种方式支持抗震救灾和灾后重建。到 2010 年 9 月底，三年重建任务在两年内基本完成，受灾地区的基础设施和群众的生产生活大大超过灾前水平，创造了灾后重建的人间奇迹。

2008 年 7 月 30 日，在纪念中国共产党成立 87 周年之际，胡锦涛同志在抗震救灾先进基层党组织和优秀共产党员代表座谈会上讲话中指出：万众一心、众志成城，不畏艰险、百折不挠，以人为本、尊重科学的伟大抗震救灾精神，是爱国主义、集体主义、社会主义精神的集中体现和新的发展，是我们党和军队光荣传统和优良作风的集中体现和新的发展，是中华民族精神在当代中国的集中体现和新的发展。我们要在全党全社会大力弘扬抗震救灾精神，为中国特色社会主义事业不断发展提供强大精神动力。

2008 年北京成功举办奥运会、残运会的重要意义是什么？北京奥运会的精神是什么？

2001 年 7 月 13 日，国际奥委会作出决定，将第 29 届奥运会举办权授予中国北京。2008 年 8 月 8—24 日，以“同一个世界，同一个梦想”（One World，One Dream）为口号的第 29 届夏季奥运会在北京举行。随后，第 13 届残疾人奥运会于 9 月 6—17 日在北京举行。我国体育代表团以金牌 51 枚，奖牌 100 枚的好成绩名列第一。

北京奥运会、残运会的成功举办，展示了中国人民新世纪昂扬向上的精神风貌，增进了中国人民同世界各国人民的相互了解和友谊，标志着政治稳定、经济繁荣、社会进步、民族团结的中国国际地位空前提高，是世界对中国的肯定，无可替代地赢得了世界的信赖和尊重。成功举办北京奥运会必将对我国产生深远的影响，人类奥运会历史从此留下了不可磨灭的中国印记。百年奥运梦想成功实现，这是我们在实现中华民族伟大复兴征程上的又一次历史性跨越，也是我们沿着中国特色社会主义道路奋勇前进的又一个新的起跑线。

2008 年 9 月 29 日，胡锦涛同志在北京奥运会、残奥会总结表彰大会上发表重要讲话，指出：伟大的事业孕育伟大的精神，伟大的精神推进伟大的事业。广大奥运建设者、工作者、志愿者牢记党和人民的重托，勇于承担中华民族百年圆梦的光荣使命和伟大时代提供的难得机遇，大力培育和弘扬了为国争光的爱国精神、艰苦奋斗的奉献精神、精益求精的敬业精神、勇攀高峰的创新精神、团结协作的团队精神，为北京奥运会、残奥会成功举办提供了强大精神支撑。

为什么高铁能够成为中国的“外交名片”和“形象代表”？

高铁即高速铁路，中国高铁是指中国几次铁路大提速新建设计开行250公里/小时（含预留）及以上动车组列车且初期运营速度不小于200公里/小时的客运专线铁路。高铁肇始于日本，发展于欧洲，格局大变于中国。1991年，高速铁路技术列入国家科技攻关的重点课题，2008年8月1日——中国第一条具有完全自主知识产权、世界水平的时速350公里高速铁路京津城际铁路通车运营。2009年12月26日——世界上一次建成里程最长、工程类型最复杂时速350公里的武广高铁开通运营。2010年2月6日——世界首条修建在湿陷性黄土地区，连接中国中部和西部时速350公里的郑西高速铁路开通运营。2012年12月1日，世界上第一条地处高寒地区的高铁线路——哈大高铁正式通车运营。随后，沪宁高铁、沪杭高铁、京沪高铁等高速铁路先后建成通车。截至2018年底，中国高速铁路营业里程已达2.9万公里，占全世界总里程的超过2/3，成为世界上高铁里程最长、运输密度最高、成网运营场景最复杂的国家。2018年，全国铁路旅客发送量33.13亿人次，同比增长9.0%，其中高铁动车组发送20.01亿人次，占比达60.4%，同比增长16.6%。迄今为止，中国高铁动车组已累计运输旅客突破90亿人次，成为中国铁路旅客运输的主渠道。2018年6月7日，中国铁路总公司在京沈高铁启动高速动车组自动驾驶系统（CTCS3 + ATO列控系统）现场试验，这标志着中国铁路在智能高铁关键核心技术自主创新上取得重要阶段性成果，中国高铁整体技术持续领跑世界。

高铁对我国国民经济发展的重大意义主要表现在五个方面：第一，有利于我国工业化和城镇化的发展；第二，有利于推动区域和城乡协调发展；第三，有利于资源节约型和环境友好型社会建设；第四，有利于促进产业结构升级；第五，有利于释放我国铁路的货运能力。经过十多年坚持不懈的努力，我国铁路通过技术创新，在高速铁路的工务工程、高速列车、通信信号、牵引供电、运营管理、安全监控、系统集成等技术领域，取得了一系列重大成果，形成了具有中国特色的高铁技术体系，总体技术水平进入世界先进行列。中国高铁具有三大优势：技术先进、安全可靠；价格低、性价比高；运营经验丰富，中国每建设一条铁路其标准至少保证20年不落后。中国高铁的生产和出口已具备相当实力，高铁的核心技术优势非常明显，技术输出正是建立高铁国际优势的开始。特别是在施工成本和效率方面，中国企业更具优势。据测算，国外企业修建高铁平均成本为每公里0.5亿美元以上，中国只需约一半，且中国企业的工期短，施工效率又是外国企业的一倍以上。成本低，标准却更高。安全性能上，中国标准与欧洲标准基本一致，施工标准远高于欧标。中国高铁“走出去”对中国高科技产业输出起到引领作用，必将带动一大批高科技产业腾飞，意义重大影响深远。近年来，中国高铁已成为中国最新科技大幅进军海外的标杆；中国高铁在海外高歌猛进，凭借高性价比和成功的运营经验，在全球市场接连斩获订单。有数据显示，中国中车的业务量在铁路装备行业、轨道交通装备行业已居全球第一名，中国高铁约占全球30%的市场份额。

上海世博会的主题是什么？成功举办上海世博会的重要意义是什么？

2010年5月1日—10月31日上海举办的第41届世界博览会是继北京奥运会后中国举办的又一国际盛会，也是第一次在发展中国家举办的世界博览会。上海世博会参观人数达到破纪录7308万人次，作为首届以“城市”为主题的世界博览会，在上海世博会184天的展期里，来自246个国家、国际组织的参展方，围绕“城市，让生活更美好”这一主题充分展示城市文明成果、交流城市发展经验、传播先进城市理念，从而为新世纪人类的居住、生活和工作探索崭新的模式，为生态和谐社会的缔造和人类的可持续发展提供生动的例证。

举办2010年世界博览会，对于进一步提高我国的国际形象和地位，加强与各国的经济和技术合作，促进国际间经济贸易往来具有重大意义。上海世博会书写了中国人民同世界各国人民交流互相借鉴的新篇章，书写了人类各种文明交流借鉴的新的一页。

中国特色社会主义法律体系形成的重要意义是什么？

到2010年形成中国特色社会主义法律体系，是党的十五大、十六大提出的目标。1997年，党的十五大明确提出“依法治国，建设社会主义法治国家”，并提出到2010年形成中国特色社会主义法律体系。2007年，胡锦涛同志在党的十七大报告中宣布：“中国特色社会主义法律体系已基本形成。”同时提出，要坚持科学立法、民主立法，完善中国特色社会主义法律体系。

2011年3月14日，全国人民代表大会常务委员会委员长吴邦国同志向第十一届全国人民代表大会第四次会议作全国人大常委会工作报告时庄严宣布，一个立足中国国情和实际、适应改革开放和社会主义现代化建设需要、集中体现党和人民意志的，以宪法为统帅，以宪法相关法、民商法等多个法律部门的法律为主干，由法律、行政法规、地方性法规等多个层次的法律规范构成的中国特色社会主义法律体系已经形成。

中国特色社会主义法律体系是中国特色社会主义永葆本色的法制根基，是中国特色社会主义创新实践的法制体现。中国特色社会主义法律体系的建成有力保障和推进了社会主义法治国家的建设进程，有力保障和推进了社会主义市场经济体制的建立和完善，有力保障和推进了人民当家做主，有力保障和推进了社会公平正义，有力保障和推进了预防惩治腐败体系建设。

我国第一艘航母“辽宁舰”何时正式交付使用？

我国第一艘航母是在“瓦良格”号船体上进行改造和建设的，2011年8月10日改造后的瓦良格号驶离大连港，开始首航，2012年9

月 14 日，共进行了 10 次试航。在按计划完成建造和试验试航工作后，2012 年 9 月 25 日，正式更名“辽宁舰”，交付予中国人民解放军海军。在航空母舰问世将近百年之际，作为当今世界第二大经济体、人口最多的国度，中国终于拥有了自己的航空母舰。“辽宁舰”交接入列后，按照计划有序组织了包括远海作战运用演练在内的一系列综合演练，有效检验了航母编队综合攻防体系的建立和保持，航母编队训练向远海作战运用深化拓展，已经初步形成了体系作战能力。我国自行设计研制的首型舰载多用途战斗机歼 -15，顺利完成起降飞行训练。航母平台和飞机的技术性能得到了充分验证，舰机适配性能良好，达到了设计指标要求。

“蛟龙号”创载人深潜新纪录的意义是什么?

“蛟龙号”载人深潜器是我国首台自主设计、自主集成研制的作业型深海载人潜水器，设计最大下潜深度为 7000 米级，也是目前世界上下潜能力最深的作业型载人潜水器。2012 年 6 月 27 日，我国“蛟龙号”载人潜水器在太平洋马里亚纳海沟区域进行的 7000 米级海试的六次下潜试验中，最大下潜深度达到 7062 米，创造了我国载人深潜新纪录，实现了我国深海技术发展的新突破和重大跨越，标志着我国深海载人技术达到国际领先水平，使我国具备了在全球 99.8% 的海洋深处开展科学研究、资源勘探的能力。作为我国正在应用的唯一一艘能够下潜 7000 米的载人潜水器，蛟龙号在探索深海中发挥着重要作用。

下潜至 7000 米，标志着我国具备了载人到达全球 99% 以上海洋深处进行作业的能力，标志着“蛟龙号”载人潜水器集成技术的成熟，标志着我国深海潜水器成为海洋科学考察的前沿与制高点之一，标志着中国海底载人科学研究和资源勘探能力达到国际领先水平。

中共十八大的主题和重大意义是什么?

党的十八大于 2012 年 11 月 8 日在北京召开。大会的主题是：高举中国特色社会主义伟大旗帜，以邓小平理论、“三个代表”重要思想、科学发展观为指导，解放思想，改革开放，凝聚力量，攻坚克难，坚定不移沿着中国特色社会主义道路前进，为全面建成小康社会而奋斗。

大会明确了科学发展观是党必须长期坚持的指导思想，并写入党章。制定了坚持走中国特色社会主义政治发展道路和推进政治体制改革前进方向，提出了全面建成小康社会的目标。

党的十八大选举产生了新一届中央委员会和新一届中央纪律检查委员会，党的中央领导集体顺利实现了新老交替。中国共产党第十八届中央委员会第一次全体会议，选举了中央政治局委员、中央政治局常务委员会委员，选举习近平同志为中央委员会总书记；根据中央政治局常务委员会的提名，通过了中央书记处成员，决定了中央军事委员会组成人员；批准了十八届中央纪律检查委员会第一次全体会议选举产生的书记、副书记和常务委员会委员人选。选举结果充分体现了全党的意志和全国各族人民的意愿，展现了我们党朝气蓬勃、永葆活力的精神风貌。

党的十八大是在我国进入全面建设小康社会关键时期和深化改革开放、加快转变经济发展方式攻坚时期召开的一次十分重要的会议，对于我们党团结带领全国各族人民继续全面建设小康社会，加快推进社会主义现代化建设，开创中国特色社会主义事业新局面具有深远意义。

党的十八大肩负着全党全国各族人民的信任和期待，凝聚亿万人民的智慧和力量，开启了具有许多新的历史特点的伟大进军，开启了共创中国人民和中华民族更加幸福美好未来的崭新征程。

中华民族伟大复兴中国梦的提出和内涵是什么？

2012 年 11 月 29 日，在国家博物馆，中共中央总书记习近平在参观“复兴之路”展览时，第一次阐释了“中国梦”的概念。他说：“大家都在讨论中国梦。我认为，实现中华民族伟大复兴，就是中华民族近代以来最伟大的梦想。”他称，到中国共产党成立 100 年时全面建成小康社会的目标一定能实现，到新中国成立 100 年时建成富强民主文明和谐的社会主义现代化国家的目标一定能实现，中华民族伟大复兴的梦想一定能实现。

实现中华民族伟大复兴是近代以来中华民族最伟大的梦想，中国共产党一经成立，就把实现共产主义作为党的最高理想和最终目标，义无反顾肩负起实现中华民族伟大复兴的历史使命，团结带领人民进行了艰苦卓绝的斗争，谱写了气吞山河的壮丽史诗。

实现中国梦是以习近平同志为核心的党中央对全体人民的庄严承诺，是党和国家面向未来的政治宣言，充分体现了我们党高度的历史担当和使命追求，为新时代坚持和发展中国特色社会主义注入了崭新的内涵。中国梦承载着全体中国人孜孜以求的共同企盼，从国家和民族层面讲，中国梦是中华民族正在万众一心、努力奋斗的共同理想，反映着中华民族发展的主导理想和价值追求。

习近平总书记多次强调，中国梦的本质就是国家富强、民族振兴、人民幸福，这个梦想，把国家的追求、民族的向往、人民的期盼融为一体，深深体现了今天中国人民的整体利益和理想，是中国人民和中华民族的价值认同和价值追求，意味着每一个中国人都在为中国梦的奋斗中实现自己的梦想。因此，我们说，中国梦是国家情怀、民族情怀、人民情怀相统一的梦，是国家的梦、民族的梦，归根到底是人民的梦，中国梦最根本的是实现中国人民的美好生活。同样，中国梦是中国的，也是世界的。习近平总书记在国际交往的多种场合多次宣示：中国梦是和平、发展、合作、共赢的梦，与世界各国人民的美好梦想息息相通，是开放、包容、共享的梦。人类命运共同体的理念以及“一带一路”倡议就是中国梦的国际表达。

如何实现中国梦？习近平总书记强调指出，实现中国梦必须走中国道路，必须弘扬中国精神，必须凝聚中国力量，就必须准备付出更为艰巨、更为艰苦的努力，必须进行伟大斗争、建设伟大工程、推进伟大事业。

“五位一体”总布局的内涵是什么？

社会主义现代化建设是一个庞大的系统工程，必须有统一谋划、整体部署。1986 年 9 月，党的十二届六中全会第一次明确提出“我国社会主义现代化建设的总体布局”，党的十三大制定了“一个中心，两个基本点”的战略布局，到90年代党和国家提出了中国特色社会主义经济、政治和文化建设的基本政策和基本要求，实际上构成了经济、政治和文化三位一体的中国特色社会主义现代化的总体布局。党的十六大后，党中央提出构建和谐社会的要求，表明中国特色社会主义总布局由三位一体发展成为经济建设、政治建设、文化建设和社会建设的四位一体。2007年党的十七大第一次使用了“生态文明”概念。党的十八大报告指出，“建设中国特色社会主义，总依据是社会主义初级阶段，总布局是五位一体，总任务是实现社会主义现代化和中华民族伟大复兴”。报告对五位一体总体布局的阐述是，全面推进经济建设、政治建设、文化建设、社会建设、生态文明建设，实现以人为本、全面协调可持续的科学发展。党的十六大报告提的是“三位一体”（经济建设、政治建设、文化建设），到了党的十七大提出了“四位一体”（经济建设、政治建设、文化建设和社会建设），这次进一步拓展到“五位一体”（经济建设、政治建设、文化建设、社会建设、生态文明建设）。这个总体布局意味着中国进入21世纪后，从局部现代化到全面现代化，从不断协调的现代化到全面协调的现代化。

“五位一体”是党的十八大报告的“新提法”之一。经济建设、政治建设、文化建设、社会建设、生态文明建设——着眼于全面建成小康社会、实现社会主义现代化和中华民族伟大复兴，党的十八大报告对推进中国特色社会主义事业作出“五位一体”总体布局。“五位一体”的总体布局，要求牢牢抓好执政兴国的第一要务，坚持以经济建设为中心，在经济方面就是要发展社会主义市场经济；在政治建设方面就是要发展社会主义民主政治，走中国特色社会主义政治发展道路；在文化建设方面就是发展社会主义先进文化，建设社会主义精神文明；在社会建设方面就是构建社会主义和谐社会；在生态建设方面就是建设社会主义生态文明，建设美丽中国，为人民创造良好生产生活环境，实现中华民族的永续发展。

中国特色社会主义事业总体布局，是我们党根据社会主义现代化建设的战略构想作出的总体部署，从“四位一体”到“五位一体”的发展，是我们党对社会主义建设实践经验的科学总结，是对中国特色社会主义理论体系的进一步完善，适应了新世纪新阶段我国改革开放和社会主义现代化建设进入关键时期的客观要求，体现了广大人民群众的根本利益和共同愿望，反映了中国共产党对社会主义建设规律的新认识。

为什么党的十八大把生态文明建设纳入中国特色社会主义总体布局?

党的十八大指出，建设生态文明，是关系人民福祉、关乎民族未来的长远大计。面对资源约束趋紧、环境污染严重、生态系统退化的严峻形势，必须树立尊重自然、顺应自然、保护自然的生态文明理念，把生态文明建设放在突出地位，融入经济建设、政治建设、文化建设、社会建设各方面和全过程，努力建设美丽中国，实现中华民族永续发展。

建设生态文明是我们党创造性地回答经济发展与资源环境关系问题所取得的最新理论成果，为统筹人与自然和谐发展指明了前进方向。推进生态文明建设是我们党积极主动顺应广大人民群众新期待进行的重大部署，进一步丰富了我国现代化建设的内涵。走出一条中国特色生态文明建设道路，是我们党深刻把握当今世界发展新趋向作出的战略抉择，将为推进人类文明进步作出重大贡献。

什么是中国经济新常态？如何准确理解其内涵？其具体要求是什么?

经济新常态就是经济结构的对称态，在经济结构对称态基础上的经济可持续发展，包括经济可持续稳增长。经济新常态是强调结构稳增长的经济，而不是总量经济；着眼于经济结构的对称态及在对称态基础上的可持续发展，而不仅仅是 GDP、人均 GDP 增长与经济规模最大化。经济新常态就是用增长促发展，用发展促增长。

什么是中国经济新常态呢？一是从高速增长转为中高速增长。二是经济结构不断优化升级，第三产业、消费需求逐步成为主体，城乡区域差距逐步缩小，居民收入占比上升，发展成果惠及更广大民众。三是从要素驱动、投资驱动转向创新驱动。新常态将给中国带来新的发展机遇。

我国经济发展进入新常态后，增长速度正从10%左右的高速增长转向7%左右的中高速增长，经济发展方式正从规模速度型粗放增长转向质量效率型集约增长，经济结构正从增量扩能为主转向调整存量、做优增量并举的深度调整，经济发展动力正从传统增长点转向新的增长点。我国经济发展进入新常态，是我国经济发展阶段性特征的必然反映，是不以人的意志为转移的。认识新常态，适应新常态，引领新常态，是当前和今后一个时期我国经济发展的大逻辑。

习近平总书记就新常态怎么做提出十个方面要求，要求努力实现多方面工作重点转变。

第一，推动经济发展，要更加注重提高发展质量和效益。

第二，稳定经济增长，要更加注重供给侧结构性改革。

第三，实施宏观调控，要更加注重引导市场行为和社会心理预期。

第四，调整产业结构，要更加注重加减乘除并举。

第五，推进城镇化，要更加注重以人为核心。

第六，促进区域发展，要更加注重人口经济和资源环境空间均衡。

第七，保护生态环境，要更加注重促进形成绿色生产方式和消费方式。

第八，保障改善民生，要更加注重对特定人群特殊困难的精准帮扶。

第九，进行资源配置，要更加注重使市场在资源配置中起决定性作用。

第十，扩大对外开放，要更加注重推进高水平双向开放。

如何深刻领会建设中国特色社会主义的总依据、总布局、总任务？

建设中国特色社会主义，总依据是社会主义初级阶段，总布局是五位一体，总任务是实现社会主义现代化和中华民族伟大复兴。强调总依据是因为社会主义初级阶段是当代中国的最大国情、最大实际，我们要牢牢把握这个最大国情、立足这个最大实际。强调总布局是因为中国特色社会主义是全面发展的社会主义，在经济不断发展的基础上，要协调推进政治建设、文化建设、社会建设、生态文明建设不断取得突破。强调总任务是因为从我们党成立的那天起，就肩负着实现中华民族伟大复兴的历史使命，我们要紧紧扭住这个总任务，一代一代锲而不舍干下去。深刻领会和把握这“三个总”的新概括，有助于我们深刻领会和把握中国特色社会主义的真谛和要义。

我们党面临的“四大考验”“四种危险”是什么？

四大考验是：执政考验、改革开放考验、市场经济考验、外部环境考验。

四种危险是：精神懈怠的危险、能力不足的危险、脱离群众的危险、消极腐败的危险。

党的十八大报告指出：新形势下，党面临的执政考验、改革开放考验、市场经济考验、外部环境考验是长期的、复杂的、严峻的，精神懈怠危险、能力不足危险、脱离群众危险、消极腐败危险更加尖锐地摆在全党面前。不断提高党的领导水平和执政水平、提高拒腐防变和抵御风险能力，是党巩固执政地位、实现执政使命必须解决好的重大课题。

在党的政治报告中提出“四大考验”和“四种危险”，这不仅体现了我党高层直面问题的勇气，更体现了我党高层的清醒认识和忧患意识，说明我党新时期面临的新问题已时不我待，解决好“四大考验、四种危险”是关系到我党生死存亡的大事，是关系到国家命运的大事。在新的历史条件下，常怀忧党之心、恪尽兴党之责，经受“四大考验”、化解“四大风险”，以更加奋发有为的精神状态推进党的建设，对于我们党执政为民、长期执政，其意义重要而深远。我们党面临的“四大考验”是长期的复杂的、“四种危险”是尖锐的严峻的，要以更高的政治站位、更强的战略定力、更深的忧患意识，勇于直面问题，敢于刮骨疗毒，消除一切损害党的先进性和纯洁性的因素，清除一切侵蚀党的健康肌体的病毒，确保我们党永葆旺盛生命力和强大战斗力。

什么是“四个自信”？

“四个自信”即道路自信、理论自信、制度自信、文化自信。

“四个自信”内涵丰富，其中道路自信关注发展方向、未来命运，强调坚持走中国特色社会主义道路是中华民族实现繁荣富强的科学保障；理论自信是对中国特色社会主义理论体系的坚守，坚定对共产党执政规律、社会主义建设规律、人类社会发展规律认识的自信；制度自信是对中国特色社会主义制度优越性的自信，依靠制度实现社会发展与稳定；文化自信是对中国特色社会主义先进文化的自信，既要对优秀传统文化产生强烈的自豪感，也要坚定对社会主义核心价值体系的认同。“四个自信”是科学统一的整体，彼此之间相辅相成。文化自信是道路自信、理论自信与制度自信的基础，而道路自信、理论自信、制度自信则是文化自信的重要表现。道路自信指明了中国梦的实现方向，理论自信为中国梦提供理论指引，制度自信为中国梦提供根本保障，文化自信为中国梦提供原动力。

“四个自信”是中国特色社会主义的重大理论创新，也是实现中华民族伟大复兴中国梦的精神动力。这是以习近平同志为核心的党中央治国理政新思想、新理念、新战略的最终成果，是中国特色社会主义理论体系的重大创新，必将为开辟21世纪马克思主义新境界、提升中国文化的软实力产生重大而深远的影响。

什么是“八项规定”？其重要意义是什么？

2012年12月4日，中共中央政治局召开会议，审议通过了中央政治局关于改进工作作风、密切联系群众的八项规定。其主要内容是：

（1）要改进调查研究，到基层调研要深入了解真实情况，总结经验、研究问题、解决困难、指导工作，向群众学习、向实践学习，多同群众座谈，多同干部谈心，多商量讨论，多解剖典型，多到困难和矛盾集中、群众意见多的地方去，切忌走过场、搞形式主义；要轻车简从、减少陪同、简化接待，不张贴悬挂标语横幅，不安排群众迎送，不铺设迎宾地毯，不摆放花草，不安排宴请。

（2）要精简会议活动，切实改进会风，严格控制以中央名义召开的各类全国性会议和举行的重大活动，不开泛泛部署工作和提要求的会，未经中央批准一律不出席各类剪彩、奠基活动和庆祝会、纪念会、表彰会、博览会、研讨会及各类论坛；提高会议实效，开短会、讲短话，力戒空话、套话。

（3）要精简文件简报，切实改进文风，没有实质内容、可发可不发的文件、简报一律不发。

（4）要规范出访活动，从外交工作大局需要出发合理安排出访活动，严格控制出访随行人员，严格按照规定乘坐交通工具，一般不安排中资机构、华侨华人、留学生代表等到机场迎送。

（5）要改进警卫工作，坚持有利于联系群众的原则，减少交通管制，一般情况下不得封路、不清场闭馆。

（6）要改进新闻报道，中央政治局同志出席会议和活动应根据工作需要、新闻价值、社会效果决定是否报道，进一步压缩报道的数量、字数、时长。

（7）要严格文稿发表，除中央统一安排外，个人不公开出版著作、讲话单行本，不发贺信、贺电，不题词、题字。

（8）要厉行勤俭节约，严格遵守廉洁从政有关规定，严格执行住房、车辆配备等有关工作和生活待遇的规定。

这是党的十八大召开以后制定的第一部重要党内法规。以习近平同志为核心的党中央以身作则，率先垂范，严格执行八项规定，各地区各部门陆续制定相应规定、细则并严格贯彻落实中央八项规定精神。

社会主义核心价值观的基本内容是什么？

党的十八大提出，倡导富强、民主、文明、和谐，倡导自由、平等、公正、法治，倡导爱国、敬业、诚信、友善，积极培育和践行社会主义核心价值观。这 24 个字是社会主义核心价值观的基本内容。

“富强、民主、文明、和谐”，是我国社会主义现代化国家的建设目标，也是从价值目标层面对社会主义核心价值观基本理念的凝练，在社会主义核心价值观中居于最高层次，对其他层次的价值理念具有统领作用。

“自由、平等、公正、法治”，是对美好社会的生动表述，也是从社会层面对社会主义核心价值观基本理念的凝练。它反映了中国特色社会主义的基本属性，是我们党矢志不渝、长期实践的核心价值理念。

“爱国、敬业、诚信、友善”，是公民基本道德规范，是从个人行为层面对社会主义核心价值观基本理念的凝练。它覆盖社会道德生活的各个领域，是公民必须恪守的基本道德准则，也是评价公民道德行为选择的基本价值标准。

中国坚定奉行独立自主的和平政策的“三个反对”“两个决不会”是什么？

“三个反对”是：反对把自己的意志强加于人，反对干涉别国内政，反对以强凌弱。

“两个决不会”是：决不会以牺牲别国利益为代价来发展自己，也决不会放弃自己的正当权益。

什么是“四个意识”？其内涵是什么？

习近平总书记在2013年2月13日省部级主要领导干部学习贯彻十八届六中全会精神专题研讨班上强调指出：“坚持党的领导，首先是坚持党中央的集中统一领导。全党必须牢固树立政治意识、大局意识、核心意识、看齐意识，自觉在思想上政治上行动上同党中央保持高度一致。每一个党的组织、每一名党员干部，无论处在哪个领域、哪个层级、哪个部门和单位，都要服从党中央集中统一领导，确保党中央令行禁止。”

增强政治意识，就是要站稳政治立场，增强政治定力，严守政治纪律和政治规矩，坚定正确的政治方向，做政治上的明白人。增强大局意识，就是要自觉贯彻落实党中央的决策部署，谋划和推进工作，自觉从党和国家事业全局出发。增强核心意识，就是要自觉地维护好习近平总书记这个核心，维护好党中央权威。一个国家、一个政党，领导核心至关重要。增强看齐意识，就是要自觉做到“三个看齐”，经常同党中央对表，校准自己的思想和行动，做到步调一致、令行禁止。

“四个意识”是统一整体，为的都是确保全党方向和立场坚定正确，确保局部和整体协调一致，确保团结和集中统一，确保队伍整齐有力，坚定不移维护党中央权威，不断开创中国特色社会主义事业新局面。

开展群众路线教育实践活动的主题、总要求、对象和意义是什么？

2013 年 6 月 18 日，党的群众路线教育实践活动工作会议在北京召开，习近平总书记对全党开展教育实践活动进行部署。活动将紧紧围绕保持和发展党的先进性和纯洁性，以“为民、务实、清廉”为主题，按照“照镜子、正衣冠、洗洗澡、治治病”的总要求，自上而下在中共全党深入开展。

教育活动的指导思想是：全面贯彻党的十八大精神，高举中国特色社会主义伟大旗帜，坚持以马克思列宁主义、毛泽东思想、邓小平理论、“三个代表”重要思想、科学发展观为指导，紧紧围绕保持党的先进性和纯洁性，以为民务实清廉为主要内容，以县处级以上领导机关、领导班子和领导干部为重点，切实加强全体党员马克思主义的群众观点和党的群众路线教育。切入点是：贯彻落实中央八项规定。教育活动重点对象是：县处级以上领导机关、领导班子和领导干部。

深入开展党的群众路线教育实践活动，对于教育引导党员干部牢固树立宗旨意识和马克思主义群众观点，改进工作作风，赢得人民群众信任和拥护，夯实党的执政基础，提高为人民服务的本领，具有十分重大而深远的意义。

中国（上海）自贸区建立的战略意义是什么？

2013 年 8 月，国务院正式批准设立中国（上海）自由贸易试验区。该试验区成立时，以上海外高桥保税区为核心，辅之以机场保税区和洋山港临港新城，成为中国经济新的试验田，实行政府职能转变、金融制度、贸易服务、外商投资和税收政策等多项改革措施，并将大力推动上海市转口、离岸业务的发展。2013 年 9 月 18 日，国务院下达了关于印发中国（上海）自由贸易试验区总体方案的通知。该总体方案就总体要求、主要任务和措施，营造相应的监管和税收制度环境，扎实做好组织实施等主要环节做出了明确的要求。《中国（上海）自由贸易试验区总体方案》包括：在上海自贸区先行先试人民币资本项目下开放，并逐步实现可自由兑换等金融创新；未来企业法人可在上海自贸区内完成人民币自由兑换，个人则暂不施行；上海自贸区也很可能采取分步骤推进人民币可自由兑换的方式，比如先行推动境内资本的境外投资和境外融资；上海自贸区在中国加入跨太平洋伙伴关系协定（TPP）谈判中也将起到至关重要的作用，并有望成为中国加入 TPP 的首个对外开放窗口。

2013 年 9 月 29 日，上海自由贸易区正式挂牌成立。2014 年 6 月 28 日，国务院批准了《中国（上海）自由贸易试验区进一步扩大开放的措施》。31 条措施涉及服务业领域 14 条、制造业领域 14 条，采矿业领域 2 条，建筑业领域 1 条。在服务业扩大开放方面，在 2013 年 23 条服务业扩大开放措施的基础上，又新增 14 条开放措施，突出了航运贸易等自贸试验区主导产业；在制造业和采矿业扩大开放方面，突出了研发；在建筑业扩大开放方面，体现了基础设施建设对外资的开放。这将有利于自贸试验区抓住国际产业重新布局的机遇，发挥好促进我国产业发展转型升级和培育国际经济合作竞争新优势的“试验田”作用。

2014 年 7 月 25 日，上海市人大常委会第十四次会议高票通过《中国（上海）自由贸易试验区条例》。这是我国第一部关于自由贸易试验区的地方性法规，《条例》定位为综合性立法，集实施性法规、自主性法规、创制性法规的性质于一身，堪称自贸试验区建设的“基本法”。《条例》共 9 章 57 条，从管理体制、投资开放、贸易便利、金融服务、税收管理，到综合监管、法治环境等方面，对推进自贸试验区建设进行了全面的规范，将于 8 月 1 日起正式实施。2015 年 4 月 20 日，国务院印发《进一步深化中国（上海）自由贸易试验区改革开放方案》，方案提出了 25 项主要任务和措施。

建设中国（上海）自由贸易试验区，是顺应全球经贸发展新趋势，实行更加积极主动开放战略的一项重大举措。主要任务是要探索中国对外开放的新路径和新模式，推动加快转变政府职能和行政体制改革，促进转变经济增长方式和优化经济结构，实现以开放促发展、促改革、促创新，形成可复制、可推广的经验，服务全国的发展。建设中国（上海）自由贸易试验区有利于培育中国面向全球的竞争新优势，构建与各国合作发展的新平台，拓展经济增长的新空间，打造中国经济“升级版”。

什么是京津冀协同发展战略？其重要意义是什么？

2013 年 8 月，习近平总书记在北戴河主持研究河北发展问题时，又提出要推动京津冀协同发展。习近平总书记多次强调，解决好北京发展问题，必须纳入京津冀和环渤海经济区的战略空间加以考量，以打通发展的大动脉，更有力地彰显北京优势，更广泛地激活北京要素资源，同时天津、河北要实现更好发展也需要连同北京发展一起来考虑。习近平总书记 2014 年 2 月 26 日在北京主持召开座谈会，专题听取京津冀协同发展工作汇报，强调实现京津冀协同发展，是面向未来打造新的首都经济圈、推进区域发展体制机制创新的需要，是探索完善城市群布局和形态、为优化开发区域发展提供示范和样板的需要，是探索生态文明建设有效路径、促进人口经济资源环境相协调的需要，是实现京津冀优势互补、促进环渤海经济区发展、带动北方腹地发展的需要，是一个重大国家战略，要坚持优势互补、互利共赢、扎实推进，加快走出一条科学持续的协同发展路子来。

2014 年 6 月，党中央批准成立京津冀协同发展领导小组，加强对京津冀协同发展工作的统筹指导。领导小组多次召开会议，研究解决京津冀协同发展重大问题，组织制定京津冀协同发展和雄安新区规划建设的重大规划、重要政策、重点项目及工作方案、年度计划，部署推进重点工作。同时，成立京津冀协同发展专家咨询委员会，对协同发展重大问题开展研究，提出咨询意见和建议。2015 年 4 月 30 日中共中央政治局召开会议，审议通过《京津冀协同发展规划纲要》。纲要指出，推动京津冀协同发展是一个重大国家战略，核心是有序疏解北京非首都功能，要在京津冀交通一体化、生态环境保护、产业升级转移等重点领域率先取得突破。这意味着，经过一年多的准备，京津冀协同发展的顶层设计基本完成，推动实施这一战略的总体方针已经明确。

京津冀协同发展，核心是京津冀三地作为一个整体协同发展，要以疏解非首都核心功能、解决北京“大城市病”为基本出发点，调整优化城市布局和空间结构，构建现代化交通网络系统，扩大环境容量生态空间。

京津冀协同发展，是党中央、国务院在新的历史条件下作出的重大决策部署，对于协调推进“四个全面”战略布局、实现“两个一百年”奋斗目标和中华民族伟大复兴的中国梦，具有重大现实意义和深远历史意义。习近平总书记强调，实现京津冀协同发展，是面向未来打造新的首都经济圈、推进区域发展体制机制创新的需要，是探索完善城市群布局和形态、为优化开发区域发展提供示范和样板的需要，是探索生态文明建设有效路径、促进人口经济资源环境相协调的需要，是实现京津冀优势互补、促进环渤海经济区发展、带动北方腹地发展的需要，是一个重大国家战略。

《关于全面深化改革若干问题的决定》总目标、主要内容和意义是什么？

2013 年 11 月，党的十八届三中全会审议通过了《中共中央关于全面深化改革若干重大问题的决定》。

全面深化改革的总目标是完善和发展中国特色社会主义制度，推进国家治理体系和治理能力现代化。必须更加注重改革的系统性、整体性、协同性，加快发展社会主义市场经济、民主政治、先进文化、和谐社会、生态文明，让一切劳动、知识、技术、管理、资本的活力竞相迸发，让一切创造社会财富的源泉充分涌流，让发展成果更多更公平惠及全体人民。

其主要内容包括：坚持和完善基本经济制度、加快完善现代市场体系、加快转变政府职能、深化财税体制改革、健全城乡发展一体化体制机制、构建开放型经济新体制、加强社会主义民主政治制度建设、推进法治中国建设、强化权力运行制约和监督体系、推进文化体制机制创新、推进社会事业改革创新、创新社会治理体制、加快生态文明制度建设、深化国防和军队改革、加强和改善党对全面深化改革的领导。

《决定》阐述了中国全面深化改革的重大意义，总结了中国改革开放 35 年来的历史性成就和宝贵经验，提出了到 2020 年全面深化改革的指导思想、总体思路、主要任务、重大举措。这份文件集中了中共全党和各方面的智慧，成为新形势下全面深化改革的纲领性文件，标志着从 1978 年开始中国改革开放进入到新阶段。

划设东海防空识别区强化维权的必要性和重要性是什么？

2013 年 11 月 23 日，中国政府公布划设东海防空识别区。这是中国保卫国家主权和领土领空安全的必要举措，也有利于维护国际空域飞行安全，符合国际法和国际惯例。随后，中国空军识别查证了进入中国东海防空识别区的外国军机，实现了对防空识别区内空中目标的常态化有效监控。中国划设东海防空识别区引起国际社会高度关注。中方明确表示，划设防空识别区不针对任何特定国家和目标，不影响东海上空的飞越自由，更不会对任何国家和地区构成威胁。

什么是“四风”？其危害是什么？如何解决？

“四风”问题指的是：形式主义、官僚主义、享乐主义和奢靡之风。

“四风”是违背我们党的性质和宗旨的，是当前群众深恶痛绝、反映最强烈的问题，也是损害党群干群关系的重要根源。“四风”是党的群众路线的死敌大敌顽敌，其危害是一方面使党脱离群众、丧失密切联系群众的最大政治优势，另一方面使群众同党若即若离乃至离心离德，长此以往，必将从根本上破坏党同人民群众的血肉联系，从根本上摧毁党。

“四风”问题解决好了，党内其他一些问题解决起来也就有了更好条件。“四风”的形成非“一日之寒”，“四风”问题的解决务必下大气力，甚至要有壮士断腕的勇气。解决“四风”问题，诚然需要广泛而深入地开展教育实践活动，更需要对准焦距、找准穴位、抓住要害。反对形式主义要着重解决工作不实的问题，反对官僚主义要着重解决在人民群众利益上不维护、不作为的问题，反对享乐主义要着重克服及时行乐思想和特权现象，反对奢靡之风要着重狠刹挥霍享乐和骄奢淫逸的不良风气。只有从实际出发，抓住主要矛盾，什么问题突出就着重解决什么问题，什么问题紧迫就抓紧解决什么问题，才能扶正祛邪，取信于民，凝聚共识，焕发出促进改革发展的正能量。

什么是党的政治建设？为什么要把党的政治建设摆在首位？

党的政治建设是党的根本性建设。党的政治建设旨在通过正确的政治纲领、政治路线、政治立场、政治目标，以及严明的政治纪律，保证全体党员具有高度的政治觉悟，坚持正确政治方向，维护党的团结统一，实现党肩负的政治使命。在党的建设总体布局中，政治建设是“灵魂”和“根基”，是管总、管根本的，对党的其他建设具有统领提携、纲举目张的作用。可以说，能否搞好党的政治建设，直接关系到中国共产党举什么旗，走什么路，朝什么方向的问题，决定着中国共产党的性质和执政地位，关系到党的前途命运和国家的长治久安，直接决定着党在政治上的先进性和成熟程度，体现了对党的建设规律和党的建设科学化的深刻把握。

党的十八大以来，习近平总书记在多个场合强调讲政治的问题，不断强调党的政治建设问题。提出并强调了政治纲领、政治路线、政治理想、政治方向、政治立场、政治定力、政治意识、政治勇气、政治责任、政治任务、政治品质、政治能力、政治纪律、政治规矩、政治底线、政治合格、政治言论、政治行为、政治清明、党内政治生活、党内政治生态、政治鉴别力、政治敏锐性、做政治上的明白人、对党忠诚等一系列党的政治建设方面的概念。

什么是政治生态？营造良好政治生态的重要意义是什么？

政治生态，是指一个国家或地区政治历史传统、政治生活现状以及政治发展环境的总体描述和概括反映，是党风、政风、民风的重要载体和综合体现，是衡量一个国家或地区政治状况优劣的重要指标。党的十八大以来，习近平总书记多次强调，“做好各方面工作，必须有一个良好政治生态”；“解决党内存在的种种难题，必须营造一个良好从政环境，也就是要有一个好的政治生态”。

严肃党内政治生活、净化党内政治生态是伟大斗争、伟大工程的题中应有之义，是我们党坚持党的性质和宗旨的重要法宝，是我们党实现自我净化、自我完善、自我革新、自我提高的重要途径。抓住了这个点，我们党就能更好凝心聚魂、强身健体。习近平总书记指出，营造良好政治生态是一项长期任务，必须作为党的政治建设的基础性、经常性工作，浚其源、涵其林，养正气、固根本，锲而不舍、久久为功。

中国特色大国外交的内涵是什么？

中国特色大国外交就是以习近平同志为核心的党中央统筹国内、国外两个大局，基于国内外新形势新任务而提出的战略思想和外交方针。

2014 年 11 月 28 日，习近平在中央外事工作会议上的讲话指出：“中国必须有自己特色的大国外交。”2016 年 3 月 5 日，在第十二届全国人民代表大会第四次会议上“中国特色大国外交理念”首次被明确写入政府工作报告。政府工作报告提出，我们将继续高举和平、发展、合作、共赢的旗帜，践行中国特色大国外交理念，维护国家主权、安全、发展利益。2017 年 10 月 18 日，习近平在中国共产党第十九次全国代表大会上的报告指出，中国将高举和平、发展、合作、共赢的旗帜，恪守维护世界和平、促进共同发展的外交政策宗旨，坚定不移在和平共处五项原则基础上发展同各国的友好合作，推动建设相互尊重、公平正义、合作共赢的新型国际关系。党的十九大报告进一步阐释了中国特色大国外交的内涵。

中国特色大国外交，就是要求牢牢把握服务民族复兴、促进人类进步这条主线，推动构建人类命运共同体，坚定维护国家主权、安全、发展利益，积极参与引领全球治理体系改革，打造更加完善的全球伙伴关系网络，努力开创中国特色大国外交新局面。推进中国特色大国外交，要求检查统筹国内国外两个大局，坚持战略自信和保持战略定力，坚持推进外交理论和实践创新，坚持战略谋划和全球布局，坚持捍卫国家核心和重大利益，坚持合作共赢和义利相兼，坚持底线思维和风险意识。

什么是“四个全面”战略布局？其内在关系是什么？

“四个全面”是党的十八大以来以习近平同志为核心的党中央，坚持改革开放以来中国特色社会主义的战略规划，针对新形势下的机遇、挑战和历史任务而提出的重要战略思想和战略布局。

2014 年 12 月 13—14 日，习近平总书记在江苏调研时，首次将“四个全面”并提，要求协调推进全面建成小康社会、全面深化改革、全面推进依法治国、全面从严治党，推动改革开放和社会主义现代化建设迈上新台阶。2017 年党的十九大将“四个全面”战略布局作为习近平新时代中国特色社会主义思想和治国方略的重要内容，并写入党章。

“四个全面”战略布局是习近平同志治国理政新理念新思想新战略的重要内容，是坚持和发展中国特色社会主义新探索新实践的重要体现。实践证明，协调推进“四个全面”战略布局，是把握发展机遇、赢得发展新优势、战胜各种风险挑战的必然选择，是实现“两个一百年”奋斗目标和中华民族伟大复兴中国梦的重要保障。

习近平总书记指出，“四个全面”战略布局，既有战略目标，也有战略举措，每一个“全面”都具有重大战略意义，是我们党在新形势下治国理政的总方略，是事关党和国家长远发展的总战略。“四个全面”战略布局，相互之间密切联系、有机统一。全面建成小康社会是战略目标，全面深化改革、全面依法治国、全面从严治党是一个都不能缺的三大战略举措，全面深化改革是推动中国特色社会主义事业发展的强大动力，全面依法治国是实现党和国家长治久安的重要保障，全面从严治党为全面建成小康社会、全面深化改革、全面依法治国提供根本保证。

新发展理念的基本内涵是什么？

2015年10月，党的十八届五中全会指出：实现“十三五”时期发展目标，破解发展难题，厚植发展优势，必须牢固树立并切实贯彻创新、协调、绿色、开放、共享的发展理念。

创新、协调、绿色、开放、共享的新发展理念，是党的十八大以来以习近平同志为核心的党中央在总结国内外发展经验教训、分析国内外发展大势的基础上提出的，是在深刻总结国内外发展经验教训、分析国内外发展大势的基础上形成的，也是针对我国发展中的突出矛盾和问题提出来的，集中反映了我们党对我国发展规律的新认识，是改革开放近40年发展实践经验的总结，它的内容和要求均源于对实践的不断总结，是管全局、管根本、管长远的导向，具有战略性、纲领性、引领性。新发展理念指明了“十三五”乃至更长时期我国的发展思路、发展方向和发展着力点，新发展理念具有直接的针对性和丰富的科学内涵，主要表现在以下方面。

（1）创新是引领发展的第一动力。发展动力决定发展速度、效能、可持续性。坚持创新发展，是分析近代以来世界发展历程特别是总结我国改革开放成功实践得出的结论，是应对发展环境变化、增强发展动力、把握发展主动权、更好引领新常态的根本之策。习近平总书记指出，抓住了创新，就抓住了牵动经济社会发展全局的“牛鼻子”。树立创新发展理念，就必须把创新摆在国家发展全局的核心位置，不断推进理论创新、制度创新、科技创新、文化创新等各方面创新，让创新贯穿党和国家一切工作，让创新在全社会蔚然成风。

（2）协调是持续健康发展的内在要求。我国发展不协调是一个长期存在的问题，突出表现在区域、城乡、经济和社会、物质文明和精神文明、经济建设和国防建设等关系上。在经济发展水平落后的情况下，一段时间的主要任务是要跑得快，但跑过一定路程后，就要注意调整关系，注重发展的整体效能，否则“木桶效应”就会愈加显现，一系列社会矛盾会不断加深。树立协调发展理念，就必须牢牢把握中国特色社会主义事业总体布局，正确处理发展中的重大关系，重点推动区域协调发展、城乡协调发展、物质文明精神文明协调发展，推动经济建设国防建设融合发展，不断增强发展整体性协调性。

（3）绿色是永续发展的必要条件，也是人民对美好生活追求的主要体现。当前，我国生态环境保护形势依然非常严峻，人民群众对清新空气、干净饮水、安全食品、优美环境的要求越来越强烈。树立绿色发展理念，就必须坚持节约资源和保护环境的基本国策，坚持可持续发展，坚定走生产发展、生活富裕、生态良好的文明发展道路，加快建设资源节约型、环境友好型社会，形成人与自然和谐发展现代化建设新格局，推进美丽中国建设，为全球生态安全作出新贡献。

（4）开放是国家繁荣发展的必由之路。要看到现在推进开放发展，面临的国际国内形势与以往有很大不同，国际经济合作和竞争局面正在发生深刻变化，全球经济治理体系和规则正在面临重大调整，引进来、走出去在深度、广度、节奏上都是过去所不可比拟的，应对外部经济风险、维护国家经济安全的压力也是过去所不能比拟的。树立开放发展理念，就必须提高对外开放的质量和发展的内外联动性，主动参与和推动经济全球化进程，发展更高层次的开放型经济，积极参与全球经济治理和公共产品供给，推进同有关国家和地区多领域互利共赢的务实合作，打造陆海内外联动、东西双向开放的全面开放新格局，提高我国在全球经济治理中的制度性话语权，不断壮大我国经济实力和综合国力。

（5）共享是中国特色社会主义的本质要求。让广大人民群众共享改革发展成果，是社会主义的本质要求，是社会主义制度优越性的集中体现，是我们党坚持全心全意为人民服务根本宗旨的重要体现。这方面问题解决好了，全体人民推动发展的积极性、主动性、创造性就能充分调动起来，国家发展也才能具有最深厚的伟力。当前我国发展的“蛋糕”不断做大，但分配不公的问题仍然比较突出。在共享改革发展成果上，无论是实际情况还是制度设计，都还有不完善的地方。树立共享发展理念，就必须坚持发展为了人民、发展依靠人民、发展成果由人民共享，作出更有效的制度安排，坚持全民共享、全面共享、共建共享、渐进共享，使全体人民有更多获得感、幸福感、安全感，朝着共同富裕方向稳步前进。

创新、协调、绿色、开放、共享的发展理念，相互贯通、相互促进，是具有内在联系的集合体，要统一贯彻，不能顾此失彼，也不能相互替代，哪一个发展理念贯彻不到位，发展进程都会受到影响。

什么是“三严三实”？其基本内涵是什么？

“三严三实”即：严以修身、严以用权、严以律己，又谋事要实、创业要实、做人要实。

“三严三实”是共产党人的修身之道、言行之则、成功之方。其具体内涵：（1）严以修身就是要加强党性修养，坚定理想信念，提升道德境界，追求高尚情操，自觉远离低级趣味，自觉抵制歪风邪气。（2）严以用权就是要坚持用权为民，按规则、按制度行使权力，把权力关进制度的笼子里，任何时候都不搞特权、不以权谋私。（3）严以律己就是要心存敬畏、手握戒尺，慎独慎微、勤于自省，遵守党纪国法，做到为政清廉。（4）谋事要实就是要从实际出发谋划事业和工作，使点子、政策、方案符合实际情况、符合客观规律、符合科学精神，不好高骛远，不脱离实际。（5）创业要实就是要脚踏实地、真抓实干，敢于担当责任，勇于直面矛盾，善于解决问题，努力创造经得起实践、人民、历史检验的实绩。（6）做人要实就是要对党、对组织、对人民、对同志忠诚老实，做老实人、说老实话、干老实事，襟怀坦白，公道正派。

2015 年 4 月 10 日，中共中央办公厅印发《关于在县处级以上领导干部中开展“三严三实”专题教育方案》，对 2015 年在县处级以上领导干部中开展“三严三实”专题教育作出安排。开展专题教育，目的是推动领导干部自觉践行“三严三实”，在深化“四风”整治、巩固和拓展党的群众路线教育实践活动成果上见实效，在守纪律讲规矩、营造良好政治生态上见实效，在真抓实干、推动改革发展稳定上见实效。

什么是“互联网 +”？

通俗来说，“互联网 +”就是“互联网 + 各个传统行业”，但这并不是简单的两者相加，而是利用信息通信技术以及互联网平台，让互联网与传统行业进行深度融合，创造新的发展生态。它代表一种新的社会形态，即充分发挥互联网在社会资源配置中的优化和集成作用，将互联网的创新成果深度融合于经济、社会各领域之中，推动技术进步、效率提升和组织变革，提升全社会的创新力和生产力，形成更广泛的以互联网为基础设施和实现工具的经济发展新形态。

党的十八大以来，以习近平同志为核心的党中央高度重视互联网的发展和安全，就如何认识、运用、发展、管理互联网等提出了一系列战略性、前瞻性、创新性的观点。2015 年 3 月 5 日十二届全国人大三次会议上，李克强总理在政府工作报告中首次提出“互联网 +”行动计划。李克强在政府工作报告中提出，“制定‘互联网 +’行动计划，推动移动互联网、云计算、大数据、物联网等与现代制造业结合，促进电子商务、工业互联网和互联网金融（ITFIN）健康发展，引导互联网企业拓展国际市场”。2015 年 7 月 4 日，经李克强总理签批，国务院印发《关于积极推进“互联网 +”行动的指导意见》，这是推动互联网由消费领域向生产领域拓展，加速提升产业发展水平，增强各行业创新能力，构筑经济社会发展新优势和新动能的重要举措。

《国务院关于积极推进“互联网 +”行动的指导意见》发布，标志着在全国接入国际互联网 20 年后，中国正全速开启“互联网 +”时代的大门。党的十八届五中全会关于“十三五”规划的《建议》，明确提出实施网络强国以及与之密切相关的“互联网 +”行动计划。加快推进“互联网 +”发展，有利于重塑创新体系、激发创新活力、培育新兴业态和创新公共服务模式，对打造大众创业、万众创新和增加公共产品、公共服务“双引擎”，主动适应和引领经济发展新常态，形成经济发展新动能，实现中国经济提质增效升级具有重要意义。

“十三五”规划的指导思想、目标要求和战略意义是什么？

2015 年 10 月党的十八届五中全会通过了《中共中央关于制定国民经济和社会发展第十三个五年规划的建议》，2016 年 3 月，十二届全国人大四次会议通过《中华人民共和国国民经济和社会发展第十三个五年规划纲要》（2016—2020 年）。

“十三五”规划高举中国特色社会主义伟大旗帜，全面贯彻党的十八大和十八届三中、四中、五中全会精神，以马克思列宁主义、毛泽东思想、邓小平理论、“三个代表”重要思想、科学发展观为指导，深入贯彻习近平总书记系列重要讲话精神，坚持全面建成小康社会、全面深化改革、全面依法治国、全面从严治党的战略布局，坚持发展是第一要务，牢固树立和贯彻落实创新、协调、绿色、开放、共享的发展理念，以提高发展质量和效益为中心，以供给侧结构性改革为主线，扩大有效供给，满足有效需求，加快形成引领经济发展新常态的体制机制和发展方式，保持战略定力，坚持稳中求进，统筹推进经济建设、政治建设、文化建设、社会建设、生态文明建设和党的建设，确保如期全面建成小康社会，为实现第二个百年奋斗目标、实现中华民族伟大复兴的中国梦奠定更加坚实的基础。

“十三五”规划的目标要求是：经济保持中高速增长，在提高发展平衡性、包容性、可持续性的基础上，到 2020 年国内生产总值和城乡居民人均收入比 2010 年翻一番，产业迈向中高端水平，消费对经济增长贡献明显加大，户籍人口城镇化率加快提高。农业现代化取得明显进展，人民生活水平和质量普遍提高，我国现行标准下农村贫困人口实现脱贫，贫困县全部摘帽，解决区域性整体贫困。国民素质和社会文明程度显著提高。生态环境质量总体改善。各方面制度更加成熟更加定型，国家治理体系和治理能力现代化取得重大进展。

“十三五”规划时期是我国现代化建设进程中非常关键的五年，是实现党的十八大提出的“两个百年”目标中第一个百年目标的重要规划，第一个百年是到2021年，“十三五”规划是到2020年，这五年具有决定性的作用；“十三五”规划是实现全面建成小康社会目标最后的一个五年规划，对能否顺利实现目标具有决定性意义。到2020年全面建成小康社会，是“十三五”时期必须完成的任务。因此，我们说“十三五”规划是全面建成小康社会决胜阶段的路线图，是引领经济发展新常态的行动纲领，是坚持全面建成小康社会的施工蓝图。

什么是“两学一做”？“两学一做”教育要解决的是什么问题？

“两学一做”指的是“学党章党规、学系列讲话，做合格党员”学习教育。2016年2月，中共中央办公厅印发了《关于在全体党员中开展“学党章党规、学系列讲话，做合格党员”学习教育方案》。

“两学一做”学习教育是面向全体党员深化党内教育的重要实践，是推动党内教育从“关键少数”向广大党员拓展、从集中性教育向经常性教育延伸的重要举措。习近平总书记强调，开展“两学一做”学习教育，要把全面从严治党落实到每个支部、每名党员。基层是党的执政之基、力量之源。净化基层组织，激发基层力量，才能更好地协调推进整个“四个全面”战略布局。“两学一做”着眼于基层，成为全面从严治党的关键一着。

“两学一做”学习教育，要求全体党员认真学习党章党规，学习习近平总书记系列重要讲话精神，着力解决党员队伍在思想、组织、作风、纪律等方面存在的问题，努力使广大党员进一步增强政治意识、大局意识、核心意识、看齐意识，始终做到讲政治、有信念，讲规矩、有纪律，讲道德、有品行，讲奉献、有作为，这是对党员党性修养的有效锤炼，是对党员理想信念的一次再教育，必将有助于解决党员队伍中存在的突出问题，充分发挥党员的先锋模范作用。

什么是长江经济带建设战略？

长江经济带覆盖上海、江苏、浙江、安徽、江西、湖北、湖南、重庆、四川、云南、贵州 11 省市，面积约 205 万平方公里，占全国的 21%，人口和经济总量均超过全国的 40%，具有独特优势和巨大发展潜力。

党的十八大以来，党中央、国务院审时度势，谋划中国经济发展新棋局，依托黄金水道推动长江经济带发展，打造中国经济新支撑带的重大战略决策。2016 年 3 月，中共中央政治局审议通过了《长江经济带发展规划纲要》，纲要从规划背景、总体要求、大力保护长江生态环境、加快构建综合立体交通走廊、创新驱动产业转型升级、积极推进新型城镇化、努力构建全方位开放新格局、创新区域协调发展体制机制、保障措施等方面描绘了长江经济带发展的宏伟蓝图，是推动长江经济带发展重大国家战略的纲领性文件。同时，《纲要》提出了多项主要任务，具体包括保护和修复长江生态环境、建设综合立体交通走廊、创新驱动产业转型、新型城镇化、构建东西双向、海陆统筹的对外开放新格局等。

长江经济带实施“一轴、两翼、三极、多点”的发展新格局：“一轴”是以长江黄金水道为依托，发挥上海、武汉、重庆的核心作用，推动经济由沿海溯江而上梯度发展；“两翼”分别指沪瑞和沪蓉南北两大运输通道，这是长江经济带的发展基础；“三极”指的是长江三角洲城市群、长江中游城市群和成渝城市群，充分发挥中心城市的辐射作用，打造长江经济带的三大增长极；“多点”是指发挥三大城市群以外地级城市的支撑作用。

2018 年 4 月 26 日，习近平总书记在武汉主持召开深入推动长江经济带发展座谈会，强调指出，推动长江经济带发展是党中央作出的重大决策，是关系国家发展全局的重大战略。新形势下推动长江经济带发展，关键是要正确把握整体推进和重点突破、生态环境保护和经济发展、总体谋划和久久为功、破除旧动能和培育新动能、自我发展和协同发展的关系，坚持新发展理念，坚持稳中求进工作总基调，坚持共抓大保护、不搞大开发，加强改革创新、战略统筹、规划引导，以长江经济带发展推动经济高质量发展。2018 年 11 月，中共中央、国务院明确要求充分发挥长江经济带横跨东中西三大板块的区位优势，以共抓大保护、不搞大开发为导向，以生态优先、绿色发展为引领，依托长江黄金水道，推动长江上中下游地区协调发展和沿江地区高质量发展。

全面振兴东北地区等老工业基地的基本目标和重要意义是什么？

其发展目标是：到 2020 年，东北地区在重要领域和关键环节改革上取得重大成果，转变经济发展方式和结构性改革取得重大进展，经济保持中高速增长，与全国同步实现全面建成小康社会目标。

全面振兴东北地区等老工业基地是一项伟大而艰巨的任务，事关我国区域发展总体战略的实现，事关我国新型工业化、信息化、城镇化、农业现代化的协调发展，事关我国周边和东北亚地区的安全稳定，意义重大，影响深远。

全面深化改革、扩大开放是振兴东北老工业基地的治本之策。东北地区是新中国工业的摇篮和我国重要的工业与农业基地，拥有一批关系国民经济命脉和国家安全的战略性产业，资源、产业、科教、人才、基础设施等支撑能力较强，发展空间和潜力巨大。东北地区区位条件优越，沿边沿海优势明显，是全国经济的重要增长极，在国家发展全局中举足轻重，在全国现代化建设中至关重要。加快东北老工业基地全面振兴，是推进经济结构战略性调整、提高我国产业国际竞争力的战略举措，是促进区域协调发展、打造新经济支撑带的重大任务，是优化调整国有资产布局、更好发挥国有经济主导作用的客观要求，是完善我国对外开放战略布局的重要部署，是维护国家粮食安全、打造北方生态安全屏障的有力保障。

雄安新区何时设立？其战略意义是什么？

2017 年 4 月 1 日，在京津冀协同发展上升为国家重大发展战略并在交通、生态、产业等重点领域初见成效之际，党中央、国务院决定设立河北雄安新区。

雄安新区规划范围涉及河北省雄县、容城、安新3县及周边部分区域，地处京津保腹地，雄安新区规划建设以特定区域为起步区先行开发，起步区面积约100平方公里，中期发展区面积约200平方公里，远期控制区面积约2000平方公里。

设立河北雄安新区，是以习近平同志为核心的党中央深入推进京津冀协同发展、有序疏解北京非首都功能作出的一项重大决策部署。雄安新区是继深圳经济特区、上海浦东新区之后又一具有全国意义的新区，是千年大计、国家大事。对于实施京津冀协同发展战略，对于优化全国城市发展整体格局，对于实现“两个一百年”奋斗目标和中华民族伟大复兴的中国梦，具有重大现实意义和深远历史意义。

雄安新区不同于一般意义上的新区，其定位首先是疏解北京非首都功能集中承载地。作为推进京津冀协同发展的两项战略举措，规划建设北京城市副中心和河北雄安新区，将形成北京新的两翼，拓展京津冀区域发展新空间。雄安新区在起步之初，就要加强同北京、天津、石家庄、保定等城市的融合发展，特别是要同北京中心城区、城市副中心在功能上有所分工，实现错位发展。

站在新的历史起点上，规划建设雄安新区，具体来说，设立雄安新区：一是重点打造北京非首都功能疏解集中承载地，可以有效缓解北京大城市病，与北京城市副中心形成北京新的两翼。二是有利于加快补齐区域发展短板，提升河北经济社会发展质量和水平，培育形成新的区域增长极，也可以与2022年北京冬奥会为契机推进张北地区建设共同形成河北新的两翼。三是有利于调整优化京津冀城市布局和空间结构，拓展区域发展新空间，探索人口经济密集地区优化开发新模式，打造全国创新驱动发展新引擎，加快构建京津冀世界级城市群。

党的十九大主题是什么？十九大的划时代意义有哪些？

党的十九大是在全面建成小康社会决胜阶段、中国特色社会主义进入新时代的关键时期召开的一次十分重要的大会。

大会的主题是：不忘初心，牢记使命，高举中国特色社会主义伟大旗帜，决胜全面建成小康社会，夺取新时代中国特色社会主义伟大胜利，为实现中华民族伟大复兴的中国梦不懈奋斗。

党的十九大是习近平同志成为党中央和全党核心之后召开的第一次党代表大会，彰显了党的领导、全党的团结，也是在全面建成小康社会决胜阶段、中国特色社会主义进入新时代的关键时期召开的十分重要的大会，历史地位格外突出。党的十九大明确宣告中国特色社会主义进入新时代，揭示了我国社会主要矛盾的发展变化，对新的发展阶段作出了战略规划和全面部署，这对于我们党在新时代更好肩负起历史使命，在中国特色社会主义道路上实现中华民族伟大复兴的中国梦，无疑具有十分重要的意义。

这次大会把党的十八大以来党的理论创新成果概括为习近平新时代中国特色社会主义思想，并确立为我们党必须长期坚持的指导思想写入党章，实现了党的指导思想又一次与时俱进。

这次大会确定了全面建成社会主义现代化强国的奋斗目标，进一步明确了新时代中国共产党的历史使命，全面部署了新时代伟大事业和伟大工程，科学规划了中华民族伟大复兴的时间表、路线图、任务书，为我们党在新时代开启新征程、创造新辉煌提供了行动纲领。

党的十九大不仅在中国共产党的历史上，而且在中华人民共和国发展史上，都具有重要的里程碑意义。这次大会在政治上、理论上、组织上、实践上取得的一系列重大成果，必将对我们党团结带领人民决胜全面建成小康社会、夺取新时代中国特色社会主义伟大胜利产生重大而深远的影响。

什么是“四个伟大”？其内在关系是什么？

“四个伟大”即伟大斗争、伟大工程、伟大事业、伟大梦想。

习近平总书记在党的十九大报告中指出：“伟大斗争，伟大工程，伟大事业，伟大梦想，紧密联系、相互贯通、相互作用，其中起决定性作用的是党的建设新的伟大工程。”“四个伟大”集中体现了党在新时代治国理政的总方略，凸显了新的历史条件下中国共产党肩负的使命和担当。

“四个伟大”内涵丰富而又形成一个逻辑严密的有机整体，构成了当代中国最具时代特色的伟大实践，同时又对理论创新提出了新的要求。党的十九大报告在阐述“四个伟大”时，“四个伟大”的前后不是随意排列的，而是有着严密的内在逻辑关系。排在第一位的是伟大斗争，它是统揽“四个伟大”的前提；排在第二位的是伟大工程，它是统揽“四个伟大”的保障；排在第三位的是伟大事业，它是统揽“四个伟大”的方向；排在第四位的是伟大梦想，它是统揽“四个伟大”的目标。

党的十九大把伟大斗争、伟大工程、伟大事业、伟大梦想作为一个统一整体提出来，这是我们党的一个重大理论创新，不仅对党的历史使命提出了新要求，而且进一步明确了党在新时代治国理政的总战略、引领全局的总蓝图、谋划工作的总坐标，体现了奋斗目标、实现路径、前进动力的高度统一，历史传承、现实任务、未来方向的高度统一，党的前途命运、国家的前途命运、人民的前途命运的高度统一，深刻回答了什么是新时代党的历史使命、怎样实现新时代党的历史使命这一重大理论和实践问题，使我们党对自身肩负历史使命的认识达到了新的高度。

什么是新时代？其深刻的内涵是什么？

2017年12月，“新时代”入选“2017年度中国媒体十大流行语”。

2017年10月18日，习近平总书记在中国共产党第十九次全国代表大会上，作了题为《决胜全面建成小康社会夺取新时代中国特色社会主义伟大胜利》的报告，郑重宣告“中国特色社会主义进入了新时代”，指出：“经过长期努力，中国特色社会主义进入了新时代，这是我国发展新的历史方位。”党的十九大报告称：“十八大以来的五年，是党和国家发展进程中极不平凡的五年。”“五年来的成就是全方位的、开创性的，五年来的变革是深层次的、根本性的。”因此，中国特色社会主义无论是从理论还是从实践来说，都进入了新时代。

新时代之所以新，首先在于我们进入了一个新的历史发展阶段、发展环境、发展条件，目标任务也发生了新的变化，已经从“未发展起来”进入到“发展起来以后”的时期。这个新时代是承前启后、继往开来、在新的历史条件下继续夺取中国特色社会主义伟大胜利的时代，是决胜全面建成小康社会、进而全面建设社会主义现代化强国的时代，是全国各族人民团结奋斗、不断创造美好未来、逐步实现全体人民共同富裕的时代，是全体中华儿女勠力同心、奋力实现中华民族伟大复兴中国梦的时代，是我国日益走向世界舞台中央、不断为人类作出更大贡献的时代。按照党的十九大精神，新时代意味着近代以来久经磨难的中华民族迎来了从站起来、富起来到强起来的伟大飞跃，意味着科学社会主义在21世纪的中国焕发出强大的生命力，也意味着中国特色社会主义道路、理论、制度、文化不断发展。中国特色社会主义进入新时代，在中华民族发展史、在中华人民共和国发展史上具有重大意义，同样，在世界社会主义发展史上、在人类社会发展史上也具有重大意义。

什么是中国经济“三期叠加”？我们应该保持什么样的状态？

中国经济“三期叠加”指的是：增长速度换挡期，是由经济发展的客观规律所决定的；结构调整阵痛期，是加快经济发展方式转变的主动选择；前期刺激政策消化期，是化解多年来积累的深层次矛盾的必经阶段。

我国经济发展也进入了新时代，基本特征就是我国经济已由高速增长阶段转向高质量发展阶段；推动高质量发展是当前和今后一个时期确定发展思路、制定经济政策、实施宏观调控的根本要求，必须加快形成推动高质量发展的指标体系、政策体系、标准体系、统计体系、绩效评价、政绩考核，创建和完善制度环境。对此，我们既要保持战略定力，持之以恒推动经济结构战略性调整；又要树立危机应对和风险管控意识，及时发现和果断处理可能发生的各类矛盾和风险。必须坚持用发展的办法解决前进中的问题，真正把功夫下在巩固基础、增强底气上，把发展实体经济和培育有核心竞争力的优秀企业作为制定和实施经济政策的出发点。

什么是供给侧结构性改革？其主要目的是什么？

供给侧结构性改革是相对于以往需求侧改革而提出的新概念和新思路，即从过去强调需求扩张提供动力转变到着重提高供给体系质量和效率来提供动力，重点是推进产业结构、区域结构、要素投入结构、排放结构、经济增长动力结构和收入结构六个方面的结构性改革。

推进供给侧结构性改革，是以习近平同志为核心的党中央深刻把握我国经济发展大势作出的战略部署，是“十三五”时期的发展主线，是适应和引领经济发展新常态的重大创新，是适应后国际金融危机时期综合国力竞争新形势的主动选择，推进供给侧结构性改革，是适应和引领经济发展新常态的重大创新，是完成我国经济转型升级的突破口和着力点。

供给侧结构性改革的内涵就是：用改革的办法推进结构调整，减少无效和低端供给，扩大有效和中高端供给，增强供给结构对需求变化的适应性和灵活性，提高全要素生产率，使供给体系更好适应需求结构的变化。供给侧结构性改革既强调供给又关注需求，既强调发挥市场在资源配置中的决定性作用又更好发挥政府作用，既突出发展社会生产力又注重完善生产关系。

供给侧结构性改革的根本目的是提高社会生产力水平，落实好以人民为中心的发展思想。要在适度扩大总需求的同时，去产能、去库存、去杠杆、降成本、补短板，从生产领域加强优质供给，减少无效供给，扩大有效供给，提高供给结构适应性和灵活性，提高全要素生产率，使供给体系更好适应需求结构变化。

构建人类命运共同体倡议的内涵和重大意义是什么？

党的十八大以来，以习近平同志为核心的党中央深刻洞察人类命运前途和时代发展趋势，敏锐把握中国与世界关系的历史性变化，提出了构建“人类命运共同体”倡议。

构建人类命运共同体的基本内涵是合作共赢，就是要倡导人类命运共同体意识，在追求本国利益时兼顾他国合理关切，在谋求本国发展中促进各国共同发展，建立更加平等均衡的新型全球发展伙伴关系，同舟共济，权责共担，增进人类共同利益。进一步说就是倡导要建立平等相待、互商互谅的伙伴关系；要营造公道正义、共建共享的安全格局；要谋求开放创新、包容互惠的发展前景；要促进和而不同、兼收并蓄的文明交流；要构筑尊崇自然、绿色发展的生态体系。

构建人类命运共同体倡议具有重要的现实意义和深远意义，它顺应了历史潮流，回应了时代要求，凝聚了各国共识，为人类社会实现共同发展、持续繁荣、长治久安绘制了蓝图，对中国的和平发展、世界的繁荣进步都具有重大和深远的意义。构建人类命运共同体倡议是对中国优秀传统文化的创造性转化和创新性发展，是对马克思列宁主义的继承、创新和发展，是对新中国成立以来我国外交经验的科学总结和理论提升，蕴含着深厚的中国智慧，为全球生态和谐、国际和平事业、变革全球治理体系、构建全球公平正义的新秩序贡献了中国方案和中国智慧。

习近平新时代中国特色社会主义思想是在什么样的历史条件和时代背景下形成的？

习近平新时代中国特色社会主义思想是在中国特色社会主义进入新时代、科学社会主义迈向新阶段，当今世界经历新变局、我们党面临执政新考验的历史条件下形成和发展起来的。具体说，有三方面内容。

一是习近平新时代中国特色社会主义思想是在中国特色社会主义进入新时代历史条件下形成的，我们面临着新的发展阶段、发展环境、发展条件和新的目标任务，中华民族迎来了从站起来、富起来到强起来的伟大飞跃，我们比历史上任何时期都更接近、更有信心和能力实现中华民族伟大复兴的目标。

二是习近平新时代中国特色社会主义思想是在科学社会主义焕发生机、两种社会制度的较量呈现新态势的时代背景下形成的，中国特色社会主义道路越走越宽，“历史终结论”的终结，“中国崩溃论”的崩溃，“社会主义失败论”的失败，世界范围内两种意识形态和社会制度的历史演进及其较量，发生了有利于马克思主义、社会主义的深刻转变。

三是习近平新时代中国特色社会主义思想是在百年不遇的大变局中形成的，世界处于大变革、大调整、世界多极化、经济全球化、社会信息化、文化多样化深入发展，全球治理体系和国际秩序变革加速推进，世界面临的不稳定性不确定性突出，世界需要中国智慧、中国理念、中国方案。

四是习近平新时代中国特色社会主义思想实质是在党的十八大以来党所经历的深刻革命性锻造中形成的。以习近平同志为核心的党中央清醒分析党面临的考验和危险，带领全党以自我革命的勇气，正风肃纪反腐，实现了全面从严治党的深刻变革，全党焕发出新的强大的生机活力。

五是习近平新时代中国特色社会主义思想是党和人民实践经验和集体智慧的结晶，习近平总书记是这一思想的主要创立者，为新时代中国特色社会主义思想的创立发挥了决定性作用、作出了决定性贡献。

什么是“三去一降一补”？

“三去一降一补”即去产能、去库存、去杠杆、降成本、补短板五大任务。是习近平总书记根据供给侧结构性改革提出的。供给侧结构性改革主要涉及产能过剩、楼市库存大、债务高企这三个方面，为解决好这一问题，就要推行“三去一降一补”的政策。去低利润、高污染的过剩产能，去库存是为新的产能提供空间，去杠杆是降低长期性和系统性风险，降成本是提高效率的基础，补短板是提高整体资源配置效率的必要条件，也是平衡供需关系的必然手段。

什么是脱贫攻坚？其目标和意义是什么？

党的十八大以来，习近平总书记在多个重要会议、重大场合，反复强调脱贫攻坚，多次就脱贫攻坚作出重要指示。习近平总书记在党的十九大报告中再次强调，坚决打赢脱贫攻坚战。让贫困人口和贫困地区同全国一道进入全面小康社会是我们党的庄严承诺。《中共中央国务院关于打赢脱贫攻坚战三年行动的指导意见》指出，以更有力的行动、更扎实的工作，集中力量攻克贫困的难中之难、坚中之坚，确保坚决打赢脱贫这场对如期全面建成小康社会、实现第一个百年奋斗目标具有决定性意义的攻坚战。

“十三五”期间脱贫攻坚的目标是：到2020年稳定实现农村贫困人口不愁吃、不愁穿，农村贫困人口义务教育、基本医疗、住房安全有保障；同时实现贫困地区农民人均可支配收入增长幅度高于全国平均水平、基本公共服务主要领域指标接近全国平均水平。脱贫攻坚已经到了啃硬骨头、攻坚拔寨的冲刺阶段，必须以更大的决心、更明确的思路、更精准的举措、超常规的力度，众志成城实现脱贫攻坚目标，决不能落下一个贫困地区、一个贫困群众。

具体来说，脱贫攻坚的重要意义包括：（1）脱贫攻坚是决胜全面小康的现实需求。全面建成小康社会是习近平总书记“四个全面”战略布局的组成部分，是战略目标，是中国特色社会主义的根本方向。实现全面建成小康社会战略目标，把握根本方向，必须彻底打赢脱贫攻坚战。（2）脱贫攻坚是中国共产党的执政宗旨、政治优势和制度优势的充分彰显。打赢脱贫攻坚战关乎巩固党的执政基础，我们党只有始终践行以人民为中心的发展思想，坚持为人民服务的根本宗旨，真正做到为人民造福，执政基础才能坚不可摧。只有全体人民过上了好日子，才能巩固党的执政基础。（3）脱贫攻坚事关构建社会主义和谐社会。脱贫攻坚战的开始极大地改变了贫困地区人民群众的生产生活状态和精神面貌，对促进社会进步、民族团结和谐、国家长治久安发挥了重要作用。（4）脱贫攻坚是对整个人类都具有重大意义的伟业，为有效解决贫困这一世界难题提供了科学方法和范例。

什么是乡村振兴战略？

党的十九大报告指出，农业农村农民问题是关系国计民生的根本性问题，必须始终把解决好“三农”问题作为全党工作的重中之重，实施乡村振兴战略。2018 年 1 月 2 日，国务院公布了 2018 年中央一号文件，即《中共中央国务院关于实施乡村振兴战略的意见》。2018 年 3 月 5 日，国务院总理李克强在《政府工作报告》中讲道，要大力实施乡村振兴战略。2018 年 5 月 31 日，中共中央政治局召开会议，审议《国家乡村振兴战略规划（2018—2022 年）》。2018 年 9 月，中共中央、国务院印发了《乡村振兴战略规划（2018—2022 年）》，并发出通知，要求各地区各部门结合实际认真贯彻落实。

习近平总书记指出，乡村振兴战略是党的十九大提出的一项重大战略，是关系全面建设社会主义现代化的全局性、历史性任务，是新时代“三农”工作的总抓手。

在现代化进程中，如何处理好工农关系、城乡关系，在一定程度上决定着现代化的成败。习近平总书记强调：“我国作为中国共产党领导的社会主义国家，应该有能力、有条件处理好工农关系、城乡关系，顺利推进我国社会主义现代化进程。”40 年前，我们通过农村改革拉开了改革开放大幕。40 年后的今天，我们应该通过振兴乡村，开启城乡融合发展和现代化建设新局面。应当认识到，到 2020 年全面建成小康社会，最突出的短板在“三农”；到 2035 年基本实现现代化，大头重头在“三农”；到 2050 年全面建成社会主义现代化强国，基础在“三农”。把乡村振兴战略作为新时代“三农”工作总抓手，不断强化实施乡村振兴战略的自觉性和坚定性，才能促进乡村全面发展，让乡村尽快跟上国家发展步伐，走好中国特色社会主义乡村振兴道路，实现“两个一百年”奋斗目标。

实施乡村振兴战略的总目标，就是要牢牢把握坚持农业农村优先发展这个总方针，牢牢把握产业兴旺、生态宜居、乡风文明、治理有效、生活富裕这个总要求，牢牢把握建立健全城乡融合发展体制机制和政策体系这个制度保障，明确思路，深化认识，切实把各项工作做好做实；就要始终把解决好“三农”问题作为全党工作的重中之重，统筹推进农村经济建设、政治建设、文化建设、社会建设、生态文明建设和党的建设，加快推进乡村治理体系和治理能力现代化，加快推进农业农村现代化，让农业成为有奔头的产业，让农民成为有吸引力的职业，让农村成为安居乐业的家园。

全面深化国家监察体制改革的意义是什么？

党的十九大报告指出："深化国家监察体制改革，将试点工作在全国推开，组建国家、省、市、县监察委员会，同党的纪律检查机关合署办公，实现对所有行使公权力的公职人员监察全覆盖。制定国家监察法，依法赋予监察委员会职责权限和调查手段，用留置取代'两规'措施。"这是对国家监察体制改革提出的具体要求，也为改革指明了方向。习近平总书记 2018 年 12 月 13 日下午在主持中央政治局第十一次集体学习时指出，改革取得重要阶段性成果。他在讲话中着重强调了深化改革的初心，明确指出深化纪检监察体制改革的目标任务，再次重申规范和正确行使国家监察权，是在新的起点上深化国家监察体制改革、推进反腐败工作法治化、规范化的再动员、再部署。

全面深化国家监察体制改革不仅是推进全面从严治党向纵深发展的重大战略举措，也是全面依法治国的重要组成部分，更是事关全局的重大政治体制改革。一是有利于党对反腐败工作的集中统一领导。通过体制机制创新，我们把行政监察部门、预防腐败机构和检察机关反腐败相关职责进行整合，解决了过去监察范围过窄、反腐败力量分散、纪法衔接不畅等问题，优化了反腐败资源配置，实现了党内监督和国家监察、依规治党和依法治国有机统一。二是有利于对公权力监督的全覆盖。我们把所有行使公权力人员纳入统一监督的范围，解决了过去党内监督和国家监察不同步、部分行使公权力人员处于监督之外的问题，实现了对公权力监督和反腐败的全覆盖、无死角。三是有利于坚持标本兼治、巩固扩大反腐败斗争成果。党的十九大以来，全国纪检监察机关充分发挥新体制的治理效能，收拢五指，重拳出击，不敢腐的震慑效应充分显现，一批腐败分子投案自首，标本兼治综合效应更加凸显。

实践证明，党中央关于推进国家监察体制改革的决策是完全正确的。

什么是“一带一路”倡议？其重要意义是什么？

“一带一路”即2013年9月和10月由中国国家主席习近平分别提出建设“新丝绸之路经济带”和“21世纪海上丝绸之路”的合作倡议。“一带”指的是陆上“丝绸之路”，从中国到中亚、中东再到欧洲这样一条带状之路。“一路”是指海上“丝绸之路”。

它的核心内容是促进基础设施建设和互联互通，对接各国政策和发展战略，深化务实合作，促进协调联动发展，实现共同繁荣。它将充分依靠中国与有关国家既有的双多边机制，借助既有的、行之有效的区域合作平台，“一带一路”旨在借用古代丝绸之路的历史符号，高举和平发展的旗帜，积极发展与沿线国家的经济合作伙伴关系，共同打造政治互信、经济融合、文化包容的利益共同体、命运共同体和责任共同体。

“一带一路”倡议的提出，是习近平总书记深刻思考人类前途命运以及中国和世界发展大势，为促进全球共同繁荣、打造人类命运共同体所作出的重大战略决策，开辟了我国参与和引领全球开放合作的新境界，在世界发展史上具有里程碑意义。在新的历史条件下，提出“一带一路”倡议就是要继承和发扬丝绸之路精神，把我国同沿线和世界各国发展结合起来，把中国梦同沿线和世界各国人民的梦想结合起来，赋予古丝绸之路以全新的时代内涵。正如习近平主席在2019年第二届“一带一路”合作高峰论坛上所指出的，“一带一路”建设承载着我们对文明交流的渴望，承载着我们对和平安宁的期盼，承载着我们对共同发展的追求，承载着我们对美好生活的向往。共建“一带一路”为世界经济增长开辟了新空间，为国际贸易和投资搭建了新平台，为完善全球经济治理拓展了新实践，为各国和世界经济增长开辟了更多空间，为加强国际合作打造了平台，为构建人类命运共同体作出了新贡献，从而宣示了我国扩大对外开放的坚定决心，也映射出一个积极构建对外合作新格局的开放大国。

"一带一路"国际合作高峰论坛的重要意义是什么?

"一带一路"国际合作高峰论坛是由中国主办的国际高峰论坛，目的就是共商合作大计，共建合作平台，共享合作成果，让"一带一路"建设更好造福各国人民。希望通过圆桌峰会，进一步凝聚共识，为"一带一路"建设国际合作指明方向，勾画蓝图。

2017年5月14日至15日，首届"一带一路"国际合作高峰论坛在北京举行，国家主席习近平在北京出席"一带一路"国际合作高峰论坛开幕式，并发表题为《携手推进"一带一路"建设》的主旨演讲。包括29个国家的元首和政府首脑在内，140多个国家、80多个国际组织的1600多名代表从世界各地来到北京与会，高峰论坛发布圆桌峰会联合公报，达成270多项成果，形成了各国共建"一带一路"的国际共识。

第二届"一带一路"国际合作高峰论坛2019年4月25日至27日在北京举行。主题是"共建'一带一路'、开创美好未来"。39位外方领导人、150个国家、92个国际组织、6000多位外宾参加。圆桌峰会上，与会领导人和国际组织负责人围绕"推进互联互通，挖掘增长新动力""加强政策对接，打造更紧密伙伴关系""推动绿色和可持续发展，落实联合国2030年议程"等议题进行深入讨论，完善了合作理念，明确了合作重点，强化了合作机制，就高质量共建"一带一路"达成了广泛共识。这些共识反映在圆桌峰会一致通过的联合公报中，将成为今后共建"一带一路"国际合作的行动指南。

共建"一带一路"5年多来，特别是首届高峰论坛以来，在各方共同努力下，政策沟通范围不断拓展，设施联通水平日益提升，经贸和投资合作又上新台阶，资金融通能力持续增强，人文交流往来更加密切。共建"一带一路"合作取得的早期收获，为各国和世界经济增长开辟了更多空间，为加强国际合作打造了平台，为构建人类命运共同体作出了新贡献。中国将着力推动沿线国家间实现合作与对话，建立更加平等均衡的新型全球发展伙伴关系，夯实世界经济长期稳定发展的基础。

深化党和国家机构改革的重要性和总要求是什么？

2018 年 3 月党的十九届三中全会通过了《中共中央关于深化党和国家机构改革的决定》和《深化党和国家机构改革方案》。

为什么要进行深化党和国家机构改革？这是因为面对新时代新任务提出的新要求，党和国家机构设置和职能配置同统筹推进“五位一体”总体布局、协调推进“四个全面”战略布局的要求还不完全适应，同实现国家治理体系和治理能力现代化的要求还不完全适应。深化党和国家机构改革，是新时代坚持和发展中国特色社会主义的必然要求，是加强党的长期执政能力建设的必然要求，是社会主义制度自我完善和发展的必然要求，是关系党和国家事业全局的重大政治任务，对加强党的长期执政能力建设、推进国家治理体系和治理能力现代化、健全完善中国特色社会主义制度和实现中华民族伟大复兴的中国梦，具有十分重要的现实意义和深远的历史意义。

深化党和国家机构改革，目标是构建系统完备、科学规范、运行高效的党和国家机构职能体系，形成总揽全局、协调各方的党的领导体系，职责明确、依法行政的政府治理体系，中国特色、世界一流的武装力量体系，联系广泛、服务群众的群团工作体系，推动人大、政府、政协、监察机关、审判机关、检察机关、人民团体、企事业单位、社会组织等在党的统一领导下协调行动、增强合力，全面提高国家治理能力和治理水平。

按照党的十九届三中全会要求，深化党和国家机构改革，既要立足于实现第一个百年奋斗目标，针对突出矛盾，抓重点、补短板、强弱项、防风险，从党和国家机构职能上为决胜全面建成小康社会提供保障；又要着眼于实现第二个百年奋斗目标，注重解决事关长远的体制机制问题，打基础、立支柱、定架构，为形成更加完善的中国特色社会主义制度创造有利条件。

为什么说中国国际进口博览会不是一个一般性的展会？

2018 年 11 月 5 日至 10 日，以“新时代、共享未来”为主题的首届中国国际进口博览会将在上海举行，吸引了 172 个国家，来自世界各地的 3000 多家企业签约参展，约 150 个国家和地区的政要工商界人士及有关国际组织负责人与会，成交额达 578 亿美元。

首届中国进口博览会的成功召开，是 2018 年我国博鳌亚洲论坛年会、上合组织青岛峰会、中非合作论坛北京峰会之后的又一场主场外交活动，是继“一带一路”倡议、亚投行之后，国际合作的又一个重要支撑，是世界各国展示国家发展成就、开展国际贸易的开放型合作平台，是推进“一带一路”建设、推动经济全球化的国际公共产品，是践行新发展理念、推动新一轮高水平对外开放的标志性工程，是我国着眼于推动新一轮高水平对外开放作出的重大决策，是我国主动向世界开放市场的重大举措，也是我国共建创新包容的开放性世界经济的战略方案。

习近平总书记强调，进博会不是一般性的会展。这是一个“不一样”的博览会，是迄今为止第一个以进口为主题的国家级博览会，是国际贸易发展史上的一大创举，在当今世界贸易促进领域也是独一无二的。可以说，中国国际进口博览会具有重要的战略意义。

我国改革开放 40 年的主要经验是什么？

40 年的实践充分证明，改革开放是党和人民大踏步赶上时代的重要法宝，是坚持和发展中国特色社会主义的必由之路，是决定当代中国命运的关键一招，也是决定实现“两个一百年”奋斗目标、实现中华民族伟大复兴的关键一招。习近平总书记在庆祝改革开放 40 周年大会上说，40 年春风化雨、春华秋实，改革开放极大改变了中国的面貌、中华民族的面貌、中国人民的面貌、中国共产党的面貌。中华民族迎来了从站起来、富起来到强起来的伟大飞跃！中国特色社会主义迎来了从创立、发展到完善的伟大飞跃！中国人民迎来了从温饱不足到小康富裕的伟大飞跃！中华民族正以崭新姿态屹立于世界的东方！

改革开放 40 年积累的宝贵经验是党和人民弥足珍贵的精神财富，对新时代坚持和发展中国特色社会主义有着极为重要的指导意义，必须倍加珍惜、长期坚持，在实践中不断丰富和发展。习近平总书记在纪念改革开放四十周年大会的讲话中，概括了 40 年改革开放经验九个方面：第一，必须坚持党对一切工作的领导，不断加强和改善党的领导。第二，必须坚持以人民为中心，不断实现人民对美好生活的向往。第三，必须坚持马克思主义指导地位，不断推进实践基础上的理论创新。第四，必须坚持走中国特色社会主义道路，不断坚持和发展中国特色社会主义。第五，必须坚持完善和发展中国特色社会主义制度，不断发挥和增强我国制度优势。第六，必须坚持以发展为第一要务，不断增强我国综合国力。第七，必须坚持扩大开放，不断推动共建人类命运共同体。第八，必须坚持全面从严治党，不断提高党的创造力、凝聚力、战斗力。第九，必须坚持辩证唯物主义和历史唯物主义的世界观和方法论，正确处理改革发展稳定关系。